守望纪程

高军 著

上海社会科学院出版社

守望紀程

壬寅夏
勉賢人倫書

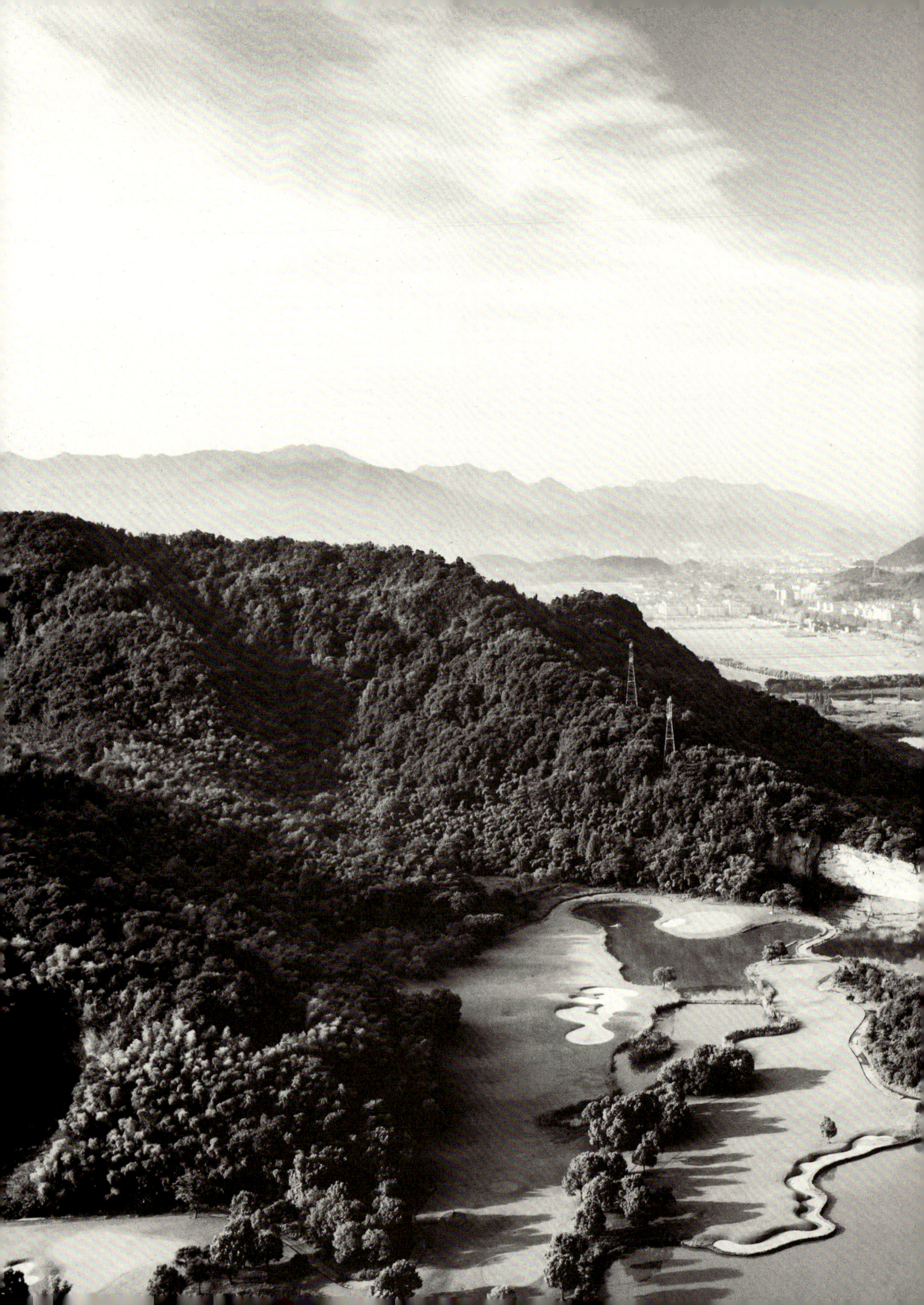

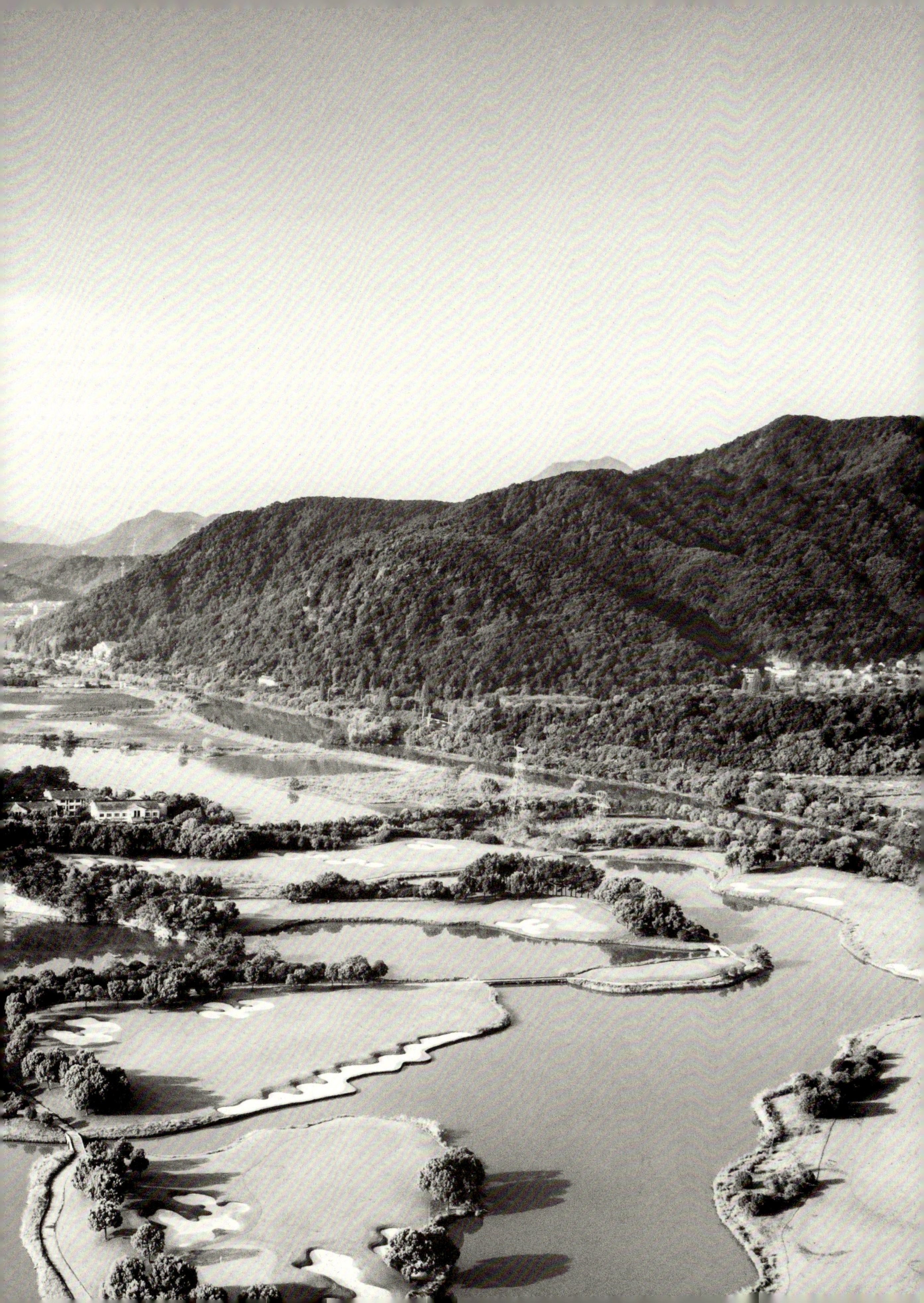

作者近照

　　高军，1963年10月出生，浙江绍兴人。1981年10月，入职绍兴市文物管理委员会。中共党员，文博研究馆员。历任绍兴市文物管理处副主任，绍兴博物馆馆长，绍兴市文物管理处主任，绍兴市文化旅游投资发展有限公司副总经理、绍兴市文物管理局局长。

　　现任绍兴市文化广电旅游局（绍兴市文物局）二级调研员。

序　言

我于 1991 年 1 月被从学校调入绍兴市文化局任局长，由此开始接触文物工作，几乎干到退休。当时局里设有文物科，科里只有一位从市文管会借调来的工作人员，就是高军同志。应该说高军不仅是我的老同事，还是我文物工作的启蒙老师。

我们工作的那个年代是非常特殊的年代。我们党已从"以阶级斗争为纲"成功跨入了"以经济建设为中心"的阶段，大规模的经济建设热潮正在全国如火如荼地掀起。同时"旧城改造"悄然出现，逐渐升温，形成轰轰烈烈的拆建大势。沉睡地下的文物遭到疯狂盗挖和猖獗走私。在这种情况下，文物保护的情势严峻而紧迫。中央及时确定了"保护为主，抢救第一"的文物工作方针。我们配合基本建设进行考古发掘，在城市更新中保护古迹遗址，并借势建设各类纪念馆、博物馆。总之，既要围绕经济建设这个中心，又要全力保护文物；既要与自然的损毁相抗争，又要与人为的破坏作斗争，再加上法制建设不健全，全社会对文物保护的认识还有待提高，文物工作的难度是极大的。随着时间的推移，保护和抢救的形势渐趋缓和，利用的需求随之得到重视。中央又及时提出了"有效保护、合理利用、加强管理"

的工作原则，最终将文物工作方针完善为"保护为主，抢救第一，合理利用，加强管理"，并写进了《文物保护法》。行政执法主体的确立和文物执法队伍的建设强化了文物安全保障机制。特别是中央提出"科学发展观"后，对统一各级领导干部和广大民众对文物保护工作的认识，改善文物工作的条件和环境，发挥了很大的作用。博物馆免费开放等重大举措促使文物博物馆工作更加自觉地服务于社会发展和人的全面发展，为满足人民群众日益增长的文化需求发挥作用。伴随改革开放的深入和经济全球化的出现，文物工作的理念和方法也逐渐与世界接轨。文物的内涵和外延扩展为文化遗产，一批新技术、新方法被引进运用，国际交流和合作有助于全面提升我国的文物保护能力和保护水平。进入新时代后，文化遗产的保护和利用被提升到关乎历史自觉和文化自信的高度，"让文物活起来"蔚然成势，考古发掘研究和博物馆展示教育等工作受到党中央前所未有的高度重视。

　　我作这些粗略回顾，无非是想说我们个人的工作经历都脱不开历史进程的大背景。相对于历史背景的宏阔，任何个人的体验，无论喜悦、欣慰、无奈、委屈……都是渺小以

序言

至微不足道的,都是历史必然的折射。但是正因为有了个人置身其中的喜怒哀乐真切体验,宏大的历史叙事才不至于空泛。

高军比我更早地参加文物工作,更晚退休,一干便是四十余年,矢志不移,从一而终。按他自己的说法是"择一事,终一生"。其间曾有几次选择的机会,都被他果断地放弃了,可见他对文物工作的感情是根植于心底的热爱。作为职业的文物工作者,需要有勇于抗争、甘于寂寞、勤奋钻研、踏实苦干的品性。有了热爱,自然就敬业。于是乎职业成就了人,人成就了事业。在高军身上我看到了这种因果关系。高军结合工作需要做了许多研究工作,重点是绍兴史迹研究、地方名人研究、区域文化研究等,并且勤于笔耕,撰写了许多文章和好几本专著,还主编了不少专业书籍。高军在具体工作中主持了一大批博物馆、纪念馆的建设和名人故居、历史街区的修复工程,从编写方案到施工建设,场场硬仗,累累硕果。作为行政管理者,高军更是承担了文物调查、考古发掘、古建筑维修、博物馆展陈、文物执法等日常而繁复的组织工作,在大型国际学术活动中的协调能力尤其令人称道。总之,高军凭自己的业绩成为具有正高职

守望纪程
THE JOURNEY OF PRESERVING CULTURAL RELICS

称的文物专家,成为在全省文物系统中具有相当影响力的地市级资深局长。

在《守望纪程》中高军选用了十篇文章,还按编年罗列了一部分工作内容,其实这些只是他四十余年文物生涯纪实的一个缩影。粗粗的阅读已引起我浮想联翩,既想起了波澜壮阔的时代背景,也重温了绍兴以至浙江文物保护工作的一件件并未远逝的往事,一个个曾经的真实场景。我突然想到,高军的这本书也不妨当作"史"和"志"来读的,因为其中留下了绍兴文物事业数十年间的许多很有价值的信息。当然,高军自己的初心只是对来路做一个梳理总结,以此给职业一个交待,给自己的人生一个交待。这也对,再热爱的职业于人生而言也总是阶段性的,有这本书给自己职业生涯画上一个圆满的句号,退休之日就能心安理得地"相忘于江湖"了。

鲍贤伦
2022 年 6 月 27 日于杭州

目 录
CONTENTS

序言 007

大哉！蔡元培 012

1981—1992 年纪程 025

致敬秋瑾 034

1993—1996 年纪程 045

我读鲁迅 050

1997—1999 年纪程 062

稽山鉴水的恩泽 066

2000 年纪程 073

此心光明　无悔人生 078

2001 年纪程 083

文物保护　任重道远 094

2002—2005 年纪程 102

高山仰止　景行行止 118

2006—2010 年纪程 126

崇善守真　质朴方正 129

2011—2014 年纪程 139

兰亭风雅　一日千载 143

2015—2017 年纪程 156

君子风范　山高水长 158

2018—2022 年纪程 173

后记 183

守望纪程
THE JOURNEY OF PRESERVING CULTURAL RELICS

大哉！蔡元培

蔡元培（1868—1940），字孑民，出生于浙江绍兴府山阴县，清光绪进士。教育家、革命家、政治家

一百多年前，美国著名学者杜威说道："拿世界各国的大学校长来比较，牛津、剑桥、巴黎、哈佛、哥伦比亚等，这些校长中，在某些学科上有卓越贡献的不乏其人，但是以一个校长身份，而能领导那所大学，对一个民族、一个时代起到转折作用的，除了蔡元培外，恐怕找不到第二个。"

今天，当我们重新审视并深切体味百年前杜威所说的话时，我们是否仍有一种聆听预言一般的震惊与钦佩？同时，因为百年过去，当我们有了更为丰富的文献资料及看问题有了一个更为合适的时间距离时，我们对蔡先生的"大"是否会有一个更为清晰而全面的认识呢？

约翰·杜威（John Dewey，1859—1952），美国著名哲学家、教育家

1919年，杜威来中国讲学，适逢五四运动。在目睹了这一声势浩大的学生运动后，他隐隐感到这个古老的国家正在发生一场文化巨变，他被这一感觉迷住了。本打算过了夏天即回美国的杜威，完全改变了原先的计划。在经过两年多时间的深度观察、思考后，他直接参与到这场巨变之中。他在《中国人的国家感情》一文中得出结论道："五四运动是中国国家感情存在与力量的突出证明。""你无法想象这对中国有多么重大的意义。"在其另一篇文章《中国的新文化》中，杜威说："新文化运动为中国未来的希望打下了最为坚定的基础。"

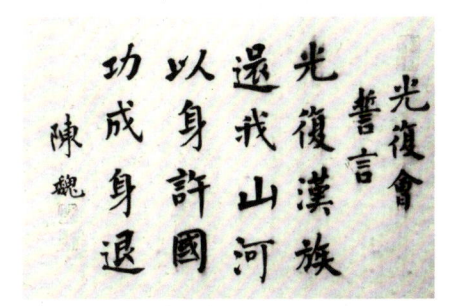

光复会誓言

1904年11月，光复会在上海成立，蔡元培任会长。

1894年，蔡先生27岁，得授翰林院编修，这在中国长达一千三百余年的科举史上，几乎是每个男子都心向往之、苦苦追求的终极目标。蔡先生达到了这一目标，而且是那么年轻，本可在鲁迅所谓的"智慧山"上守成享福，但蔡先生觉得这样做有违自己的良知和生命存在的意义。这一年，甲午战争爆发，次年《马关条约》签订，蔡先生对眼前的世界彻底失望，他已决意要向自己所属的阶级开刀。他以翰林之身，参加革命，并在长期的奋斗中，成为反帝反封建的革命领袖。我想，这在中国近代史上除了蔡元培外，恐怕找不到第二个。

1902年，蔡元培（后排左六）等创办爱国学社

守望纪程
THE JOURNEY OF PRESERVING CULTURAL RELICS

1907年,蔡先生四十岁,已不复年轻,但这一年他做出了一个惊人的决定:放下国内一切事业,自费去德国留学。蔡先生说:"救中国必以学,而世界学术德最尊。"所以,"游非西洋不可,且非德国不可"。语气中,可看出蔡先生意志很坚定,但实际的境况却令人唏嘘感叹。蔡先生很穷,但他还是毅然抛弃了翰林的头衔,成为体制的掘墓人。他现在要留学,光经费就成为一个绕不过去的障碍。蔡先生是硬着头皮,不顾体面,求得朋友的帮助,成为驻德公使的职员,才有了三十元一月的生活补助;另外,蔡先生作为商务印书馆的编译员,靠了起早贪黑的工作,有了一百元一月的工资收入,方才"挈妇将雏",动身赴德。

在德国莱比锡大学求学时的蔡元培

德国莱比锡大学

蔡先生在给朋友的信中说,为了解决生计,晚上或译书、编书,或做家庭教师,才得以过上"半工半读""半佣半丐"的留学生活。在中国近代史上,一个翰林出身的饱学之士,作为科举制度废除后仅存的文化贵族,在一个功名思想沦肌浃髓的年代里,在不惑之年,要去西洋重新做一个学生,而且是以自筹经费"半工半读"的低微身份厕身于年轻的公派留学生之间,不啻为中国之孤例,即使大到整个世界也不可能再有第二人。我以为,蔡先生之留学,它实质上见证了一个中国学者追求真理的勇气和毅力,见证了近代中国最先的觉醒者努力睁眼看世界、向西方寻求先进科学文化知识的艰辛历程。他非为学位而来,非为利禄而来,是为实现自己的抱负而来,是为国家谋文化上的建设而来。他为了民族的尊严放弃了个人的尊严,为了国家的利益放弃了个人的利益。这种"大",以冯友兰的说法是:"蔡先生的人格,是儒家教育理想的最高表现。"实际上我们每个人心里都明白,蔡先生将自己的声誉看得愈加轻,将自己的身份放得愈加低时,蔡先生的人格力量就愈加大。

上海商务印书馆

商务印书馆是中国出版业中历史最悠久的出版机构。1897年创办于上海,1954年迁北京。与北京大学同时被誉为"中国近代文化的双子星"。商务印书馆的创立标志着中国现代出版业的开始。

蔡元培与张元济先生同为浙江人,同年考中进士,同在翰林院,又同在南洋公学译书院共事,被人称为"同乡、同年、同仁、同道"的天涯知己。蔡先生还是商务印书馆的一位特殊员工,曾被张元济邀请出任商务印书馆第一任编译所所长,虽因故未能到任,却与商务印书馆结下了不解之缘,毕生都关心着商务印书馆的事业。在出国留学前,蔡元培通过商务印书馆这个重要窗口,了解、学习和介绍西方的先进思想和科学知识。

守望纪程
THE JOURNEY OF PRESERVING CULTURAL RELICS

1917年,蔡先生任北大校长,这一年,蔡先生50岁。在旁人看来,蔡先生此举无异于一次极大的冒险。为什么这样说?蔡先生心里最清楚。蔡先生曾经在京师大学堂供过职,当然知道京师大学堂的底细:学生来自官场,来学堂镀金后会去向更大的官场,官本位思想当道,学术思想成为根本性缺失。五年前,蔡先生做教育总长,有感于中国教育制度的全面失败,颁布了《大学令》《中学令》,还将"京师大学堂"改名为"国立北京大学",意欲对中国的教育作一次全面的改革。可就在此时,袁世凯登台。蔡先生因不满袁的专权,旋即辞职。无奈北大又重新回到京师大学堂的老路上去。

国立北京大学

1912年3月,中华民国第一届内阁成立(前排左一为蔡元培)

严 复 　　何燏时

章士钊 　　胡仁源

严复（1854—1921），字几道，福建侯官人。近代极具影响力的资产阶级启蒙思想家，著名的翻译家、教育家，北京大学首任校长。

何燏时（1878—1961），字燮侯，浙江诸暨人。教育家，曾任北京大学校长。

章士钊（1881—1973），字行严，湖南善化人。教育家、法学家，曾任北京大学校长。

胡仁源（1883—1942），字次珊，浙江吴兴人。教育家，曾任北京大学校长。

如此乌烟瘴气的腐朽氛围，让蔡先生的前任们束手无策是正常不过的事。光1912年至1916年间的北大，就像走马灯似的，平均一年一任校长。这些校长都可谓是当时的英才俊杰，其中不乏国学名宿、海归新锐。他们各有自己的学识，也各有自己的主张，都想在北大有所作为，但最终不是被调走，就是被轰走；不是坏了名声，就是留下遗憾，根本改变不了北大的现状。所以，此时蔡先生去北大，有人期待，有人作壁上观，有人等着看好戏，有人暗暗捏一把汗，不一而足。以教育救国的蔡先生此去北大是福是祸谁也难料，蔡先生却说"我不入地狱，谁入地狱"，正如孔子所说的，这是"知其不可而为之"。蔡先生的"大"是其抱负的大，是其胆魄的大。

守望纪程
THE JOURNEY OF PRESERVING CULTURAL RELICS

1917年1月9日，北京大学举行开学典礼，蔡先生发表就职演说。他向全体学生提出三项要求：一曰抱定宗旨；二曰砥砺德行；三曰敬爱师友。他说："大学者，研究高深学问者也。""大学生当以研究学术为目的，不当以大学为升官发财之阶梯。""北京大学，当为全国文化之中心，立千百年之大计。"这一演说成了蔡先生改革北大的宣言书。其抱负之宏大，志向之高远，成为一枚巨弹，震惊中国。

罗家伦回忆说："那深邃、无畏而又强烈震撼人们心灵深处的声音，驱散了北京上空密布的乌云。它不仅赋予了北京大学一个新的灵魂，而且激励了全国的青年。"

蔡元培书法作品

蔡元培掌管北大之前，北大官本位思想当道，学术思想成为根本性缺失。学生间拉帮结派有之，寻花问柳有之。此一爱好与参、众两院的议员们齐名，故在"八大胡同"有"两院一堂"的说法。1917年，蔡元培组织创立北大书法研究会、画法研究会等，以改变学生的不良习气，培养学生文明的兴趣爱好。

罗家伦（1897—1969），字志希，祖籍浙江绍兴柯桥钱清镇江墅村，生于江西进贤。五四运动的学生领袖，中国近代著名的教育家、思想家和社会活动家。

罗家伦

今天，当我们提到蔡先生"囊括大典，网罗众家""思想自由，兼容并包"的办学理念时，很多人都以为这是蔡先生的原创，实际上这一思想是受了北大首任校长严复"兼收并蓄、广纳众流"思想的启发而来的。蔡先生是在继承前人思想成果的基础上才迈出自己的步子去的。这是一种有积累的发展，是尊重和发扬优秀文化遗产的理性思维模式。比之于当下的某些行政长官，或为标榜自我，或为张扬个性，就毫无理由地或推倒重来、另起炉灶式的蛮干，蔡先生就显得多么具有雅量和容度。蔡先生主持北大时，造就了北大空前辉煌的师资队伍，并出现流派纷呈的局面。光就文科言，既集中了许多新文化运动的著名人物，如陈独秀、李大钊、鲁迅、胡适等，同时也聚集了文化保守主义者如辜鸿铭、黄侃、陈汉章、刘师培等。陈独秀曾感慨地说："这样容纳异己的雅量，尊重学术自由思想的卓见，在习于专制、好同恶异的东方人中实所罕见。"

1920年3月14日，蒋梦麟、蔡元培、胡适与李大钊（从左至右）在北京西山卧佛寺合影

正是蔡先生的宽宏大度才使严复"兼收并蓄、广纳众流"的理想成为现实;才使北大群星璀璨,并成为百家争鸣、百花齐放的学术重镇和新思潮的中心。

我知道,历史不可假设。因为历史不可预演,亦不可回头,历史只是一条单向度的演进线。但我还是常常有假设蔡先生与五四运动及以后几个重要历史节点之关系的冲动:假如没有蔡先生之改革北大,自然亦就不可能有陈独秀进北大,《新青年》进北京,北大当然不可能成为新思潮之中心;假如没有蔡先生之改革北大,自然亦就没有陈独秀、李大钊在北大宣传共产主义思想及毛泽东等进步青年在北大接受这一思想的可能,北大自然亦就不可能成为中国共产主义思潮的摇篮;假如没有蔡先生之改革北大,自然亦就不可能有胡适、鲁迅之进北大,北大当然不可能成为一个新文化运动的摇篮;假如没有蔡先生之改革北大,北大自然亦就不可能培养出傅斯年、罗家伦这样的学生来,为五四运动做好群众基础和运动领袖的准备;假如没有蔡先生之改革北大,自然亦就不可能有汪大燮这样的老友看准了方向、冒着生命危险,将巴黎和会上中国外交失败的消息在第一时间告知蔡先生,并与蔡先生一起策划学生运动,北大当然不可能成为五四运动的发祥地。

五四运动场景

《新青年》原名《青年杂志》,由陈独秀在上海创立,群益书社发行。自1915年9月15日创刊号至1926年7月终刊,共出9卷54号,是在20世纪20年代中国一份具有影响力的革命杂志。

《新青年》

顺着这样一条思想的逻辑线索一路下来,最终我会这样想:蔡先生是幸运的,蔡先生碰上了五四运动,这是国运对蔡先生个体命运的馈赠。假如蔡先生没有碰上五四运动,蔡先生就不可能有如此伟大。此前还没有一个合适的载体能够彰显其足够的伟大,只有五四运动才使我们的民族意识和民族团结通过北大、通过蔡先生让"杜威们"知道,让全世界都知道。在这场运动中,蔡先生不是作为一个个体而存在,而是作为一个民族的风标而存在;借助这场伟大的运动,蔡先生的"大"才真正被凝固成一座丰碑。我进一步会这样想:中国是幸运的,假如没有蔡先生之改革北大,北大亦就不可能形成五四运动的思想基础和群众基础,如果这样,那么,即使巴黎和会上中国外交的失败再惨重,也不可能爆发如此持续发展、如此产生有效作用的五四运动。因为有了北大,才真正造就了蔡先生;因为有了蔡先生,才真正造就了北大。当我们说到蔡先生时,我们必然说到北大;当我们说到北大时,我们必然说到蔡先生。蔡先生即北大,北大即蔡先生。这在中国,绝无第二人。

北大校园蔡元培铜像

守望纪程
THE JOURNEY OF PRESERVING CULTURAL RELICS

晚年蔡元培

1937年,蔡先生七十岁。这一年,淞沪会战后,上海沦陷,中央研究院下属的十个研究所向西南内陆迁移。年至古稀,蔡先生垂垂老矣。今天,我们看到图片上的蔡先生须发尽白,连眉毛也白了,看了让人心里隐隐作痛。此前蔡先生刚大病过一场,本来想以香港作为中转站,然后跟上中研院去昆明或重庆,但蔡先生已经经不起长途的颠簸了,只得借住在香港商务印书馆的临时宿舍内开始养病。此时,好友张静江多次想方设法劝说蔡先生一同赴美,以便得到更好的疗养。但蔡先生都婉拒了,回说的理由是:自己身负着中央研究院之

淞沪会战中的上海

淞沪会战,又称八一三战役,是中日双方在抗日战争中的第一场大型会战。

职责，此关系国家百年大计，未可有一日之停顿，实不能远离。

1940年3月5日，蔡先生走到了生命的尽头。王世杰对蔡先生离世时的情状作过这样的描述："蔡先生为公众服务数十年，死后无一间屋，无一寸土，医院药费一千余元，蔡夫人至今尚无法给付，只在那里打算典衣质物以处丧事，衣衾棺木的费用还是王云五先生代筹的。"

蔡先生年纪轻轻即为翰林，然后为教育总长、北大校长、监察院院长、中央研究院院长。蔡先生之人生不可谓不显赫，然而蔡

王云五（1888—1979），名鸿桢，字日祥，广东香山（今中山）人。祖籍南朗王屋村，出生于上海。出版家、商务印书馆总经理

蔡元培墓位于香港仔华人永远坟场，朴素无华，一如先生一生的言行与追求

守望纪程
THE JOURNEY OF PRESERVING CULTURAL RELICS

先生之生活不可谓不清苦，而且清苦到远远超过了人们的想象。其实，我们每个人心里都清楚：蔡先生地位之显赫与其生活之清苦的对比度越大，蔡先生就越伟大。傅斯年曾说："蔡元培先生实在代表两种伟大文化：一曰，中国传统圣贤之修养；一曰，西欧自由博爱之理想。此两种文化，具其一难，兼备尤不可觊。先生殁后，此两种文化，在中国之气象已亡矣！"

大哉！蔡先生。

傅斯年（1896—1950），字孟真，山东聊城人。历史学家、教育家，曾任北大校长

2022年大暑日于绍兴市文化中心

左起斯沫特莱、萧伯纳、宋庆龄、蔡元培、鲁迅

1981—1992 年纪程

1981

10月,经过笔试、政审、体检等程序,入职绍兴市文物管理委员会;集中培训学习15天后,被分配到大通学堂工作。

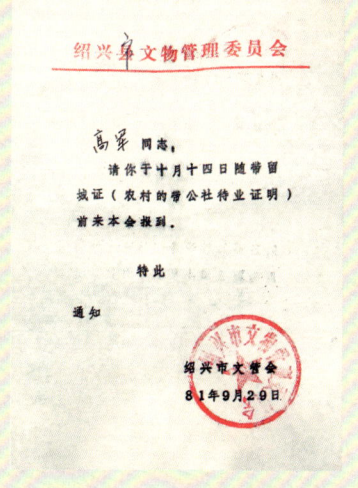

1981年,绍兴市文物管理委员会报到通知书

20世纪七八十年代,位于城区鲁迅路的绍兴市(县)文物管理委员会

大通学堂

1981年10月,绍兴市文物管理委员会同仁摄于兰亭(第四排左四为作者)

守望纪程
THE JOURNEY OF PRESERVING CULTURAL RELICS

1982

3月,浙江省文物考古研究所对绍兴坡塘306号墓进行抢救性考古发掘。

坡塘306号墓发掘现场

坡塘狮子山战国墓,位于越城区鉴湖镇狮子山西麓。1982年1月发现。1982年3月,浙江省文物考古研究所进行抢救性发掘。共计出土器物1244件,包括铜器、陶器、玉石器、金器等。该墓是绍兴地区已发现的一座规模较大、随葬品较多的先秦墓葬。根据墓葬形制、随葬品特征以及越器与徐、吴两国器物共存的现象,推断其年代为战国初期。

此墓出土了铜质房屋模型、汤鼎、玉耳金舟等一批有重要价值的文物,为研究绍兴地区战国时期的历史文化提供了宝贵的实物和文字资料。

1981—1992 年纪程

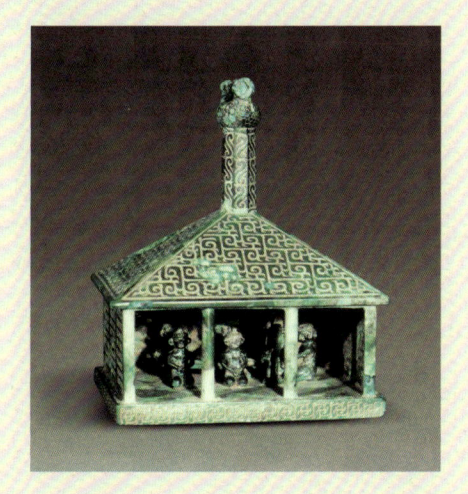

伎乐铜屋

伎乐铜屋，春秋。通高 17 厘米，面宽 13 厘米，进深 11.5 厘米。1982 年 3 月绍兴县鉴湖镇坡塘村狮子山出土。现藏浙江省博物馆，国家一级文物。

提梁铜盉，春秋。净长 29 厘米。1982 年 3 月绍兴县鉴湖镇坡塘村狮子山出土。现藏浙江省博物馆，国家一级文物。

提梁铜盉

玉耳金舟，春秋。口径 11.2—14.2 厘米，器高 6 厘米，连耳重 285 克。1982 年 3 月绍兴县鉴湖镇坡塘村狮子山出土。现藏浙江省博物馆，国家一级文物。

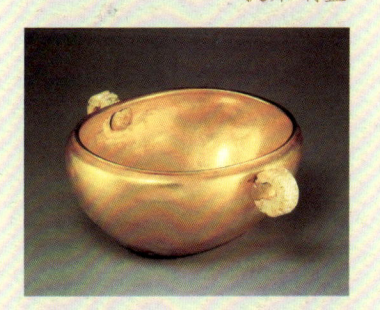

玉耳金舟

青铜汤鼎，春秋。口径 19.2 厘米，通高 40.8 厘米，足径 15 厘米。1982 年 3 月绍兴县鉴湖镇坡塘村狮子山出土。现藏浙江省博物馆，国家一级文物。

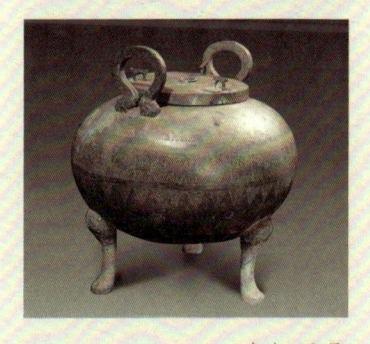

青铜汤鼎

守望纪程
THE JOURNEY OF PRESERVING CULTURAL RELICS

上半年,参与浙江省文物保护单位——马臻墓修缮工作。

7—10月,参与绍兴市文物保护单位——应天塔测绘工作。

应天塔

应天塔,位于绍兴市区的飞来山。明代建筑,内外木质构件于1900年毁于香火。塔高30.97米,平面呈六角形,底层直径7.50米,顶层直径4.48米。1985年整体修复,系绍兴市文物保护单位。

马臻墓

应天塔平面示意图

马臻墓,位于绍兴市区偏门外跨湖桥西南。马臻,字叔荐,陕西茂陵(今兴平)人。东汉永和五年(140)任会稽太守,任内主持营建大型水利工程鉴湖。

马臻墓始建年代失考。现墓南向,条石叠砌,泥土封顶,墓圈前方后圆,高1米,横宽9.6米,纵深11.6米。墓冢正面横置墓碑,碑阳镌刻"敕封利济王东汉会稽郡太守马公之墓",系清康熙五十六年(1717)所立。两侧石栏围护,墓面石前设长方形石祭桌。墓前立四柱三间石牌坊,额枋题刻"利济王墓",为清嘉庆十二年(1807)所建,系浙江省文物保护单位。

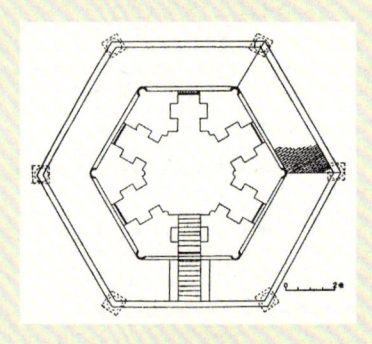

1983

4—7月,参加文化部文物局华东区文物干部培训中心(扬州观音山)"古建筑测绘"培训学习,被评为优秀学员。

8月,参加"第二次全国文物普查"绍兴市区文物普查工作。

参与浙江省文物保护单位——大通学堂主体修复工程。

1983年1月,作者在绍兴市文物管理委员会办公室

1983年4—7月,参加文化部文物局华东区文物干部培训中心(扬州观音山)古建筑测绘培训(第三排左六为作者)

大通学堂,全称大通师范学堂。校址原为贡院,清代改作豫仓,位于绍兴市区胜利西路。1905年,徐锡麟、陶成章为联络同志,培养革命军事骨干而创办,系光复会在浙江的大本营。1907年秋瑾接办,7月,徐锡麟安庆起义失败,秋瑾被捕,学校遭查封。1983年初主体部分按原貌修复。2001年为纪念辛亥革命90周年,收回东、西轴线建筑及西侧操场,整体修复,并对外开放。现为全国重点文物保护单位。

大通学堂正门

守望纪程
THE JOURNEY OF PRESERVING CULTURAL RELICS

1984
参与浙江省文物保护单位——吕府一期修复工程。

吕府

吕府，位于绍兴市区新河弄西端，明代建筑。吕本（1503—1587），字汝立，号南渠，又号期斋，明代绍兴府余姚人，嘉靖十一年（1532）进士，嘉靖三十三年（1554）官拜太子太保兼文渊阁大学士，从一品。

吕府建筑坐北朝南，平面呈三条纵轴、五条横轴线布局，交织成十三座封闭的院落。大厅，又称永恩堂，七开间，通面阔36.5米，进深17米，梁架用材硕大，做法规整，梁中饰有彩绘。吕府东起万安桥，西至谢公桥，南临新河弄，北接大有仓，占地48亩，为江南罕见的明代大型民居建筑群，是研究明代江南官宅建筑的重要实物例证。现为全国重点文物保护单位。

1985
3月，受绍兴市文化局委派，赴上虞参与浙江省文物保护单位——曹娥庙修复测绘工作。

东汉汉安二年（143）五月初五，上虞曹家堡人曹盱江中迎潮神被淹。不见其尸，其女曹娥沿江号哭。觅父十七日，投江死。数日后负父尸出。元嘉元年（151），建庙江边，奉为孝女，历代多有封赠。

曹娥庙

1981—1992 年纪程

1986

9月，参与浙江省文物保护单位——蔡元培故居一期修复工程。

蔡元培故居天井

蔡元培故居大厅

蔡元培故居

蔡元培故居，位于绍兴市区笔飞弄，明清建筑，1986年修复门厅、大厅建筑。2000年为纪念蔡元培先生逝世60周年，收回座楼、厢房建筑，整体修复；调整原状陈列、布置"蔡元培生平简史陈列"对外开放。现为全国重点文物保护单位。

031

守望纪程
THE JOURNEY OF PRESERVING CULTURAL RELICS

1987—1989

1987年9月—1989年7月,考入复旦大学历史系文物博物馆专业学习,如期毕业。

1989—1992

1989年8月—1992年10月,借调到绍兴市文化局文物科工作。

1990

5月,加入中国共产党。

复旦大学

1989年6月,毕业前夕,复旦同学在宿舍楼前留影(第二排右一为作者)

20世纪80年代绍兴市文化局所在地胜利路

1992

4月,绍兴博物馆隆重举行奠基仪式。参与绍兴博物馆筹建工作。

上半年,为纪念绍兴历史文化名城命名十周年,牵头策划与绍兴电视台联合拍摄5集电视专题片——《越中瑰宝》。

11月,任绍兴市文物管理处副主任,兼任绍兴博物馆筹备委员会办公室副主任,具体负责绍兴博物馆筹建工作。

1992年4月6日,绍兴博物馆举行奠基仪式

守望纪程
THE JOURNEY OF PRESERVING CULTURAL RELICS

致敬秋瑾

秋瑾像

秋瑾（1875—1907），字璇卿，浙江绍兴山阴县人，自称鉴湖女侠。因目睹清廷腐败无能，赴日留学，创立近代中国第一个妇女爱国组织"共爱会"，鼓吹男女平等，后加入光复会和同盟会，任同盟会浙江主盟人。在上海创办《中国女报》，为我国第一份妇女报刊。与徐锡麟共谋发动皖浙起义。徐锡麟安庆起义失败，秋瑾在大通学堂被捕，英勇就义于绍兴城内古轩亭口。

说起秋瑾，脑海里总是会浮现出几个关键词——豪放、侠义、才情。数千年的历史里，再要找出像秋瑾这样的女子，难之又难。我常常想，或许是因为长期的专制与杀戮，男人们身上的血腥链已被割裂，而这种血腥链却因女性的存在，依然幸运地保留在我们的民族基因里，到了某一个特殊的时刻，这种血腥链会

孙中山为纪念秋瑾烈士题词

通过某个女性的力量而爆发出来,从而成为世间一出悲壮而荣耀的绝响。

　　秋瑾有一帧手稿,每次编辑与她有关的书或布置与她有关的陈列时,我总是一定要把它放在最显眼的位置上。在我看来,如果中国古代书法史上颜鲁公的《祭侄文稿》可以被称为天下第二行书的话,那么中国近代书法史上秋瑾的《鹧鸪天》也一定可以称为翰墨一绝。我们甚至可从"夜夜龙泉壁上鸣"的挥洒中听到秋瑾泣血的呐喊。我以为这样的书写才是真正的中国书法,是有血有肉有生命的书法。王国维在《人间词话》中借尼采的话说,只有那些用血书写的艺术才是真正具有意境的艺术。

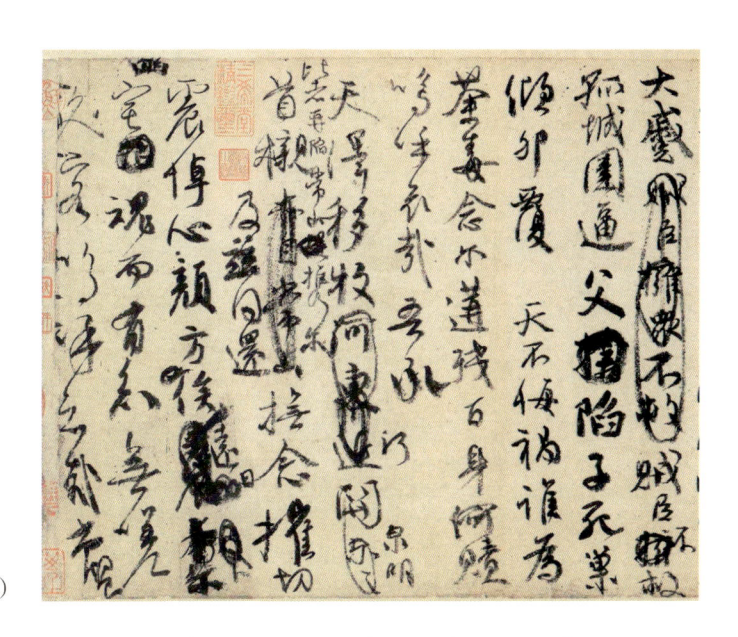

颜真卿《祭侄文稿》(局部)

《祭侄文稿》是唐代书法家颜真卿于唐乾元元年(758)创作的行书纸本书法作品,现收藏于台北"故宫博物院"。《祭侄文稿》是追祭从侄颜季明的草稿。这篇文稿追叙了常山太守颜杲卿父子一门在安禄山叛乱时,挺身而出,坚决抵抗,以致"父陷子死,巢倾卵覆"、取义成仁之事。通篇用笔之间情如潮涌,书法气势磅礴,纵笔豪放,一气呵成。《祭侄文稿》与东晋王羲之的《兰亭序》、北宋苏轼的《黄州寒食帖》并称为"天下三大行书"。且此稿是在极度悲愤的情绪下书写,不顾笔墨之工拙,故字随书家情绪起伏,纯是精神和平时功力的自然流露,这在整个书法史上都是不多见的,故《祭侄文稿》是极具史料价值和艺术价值的墨迹。

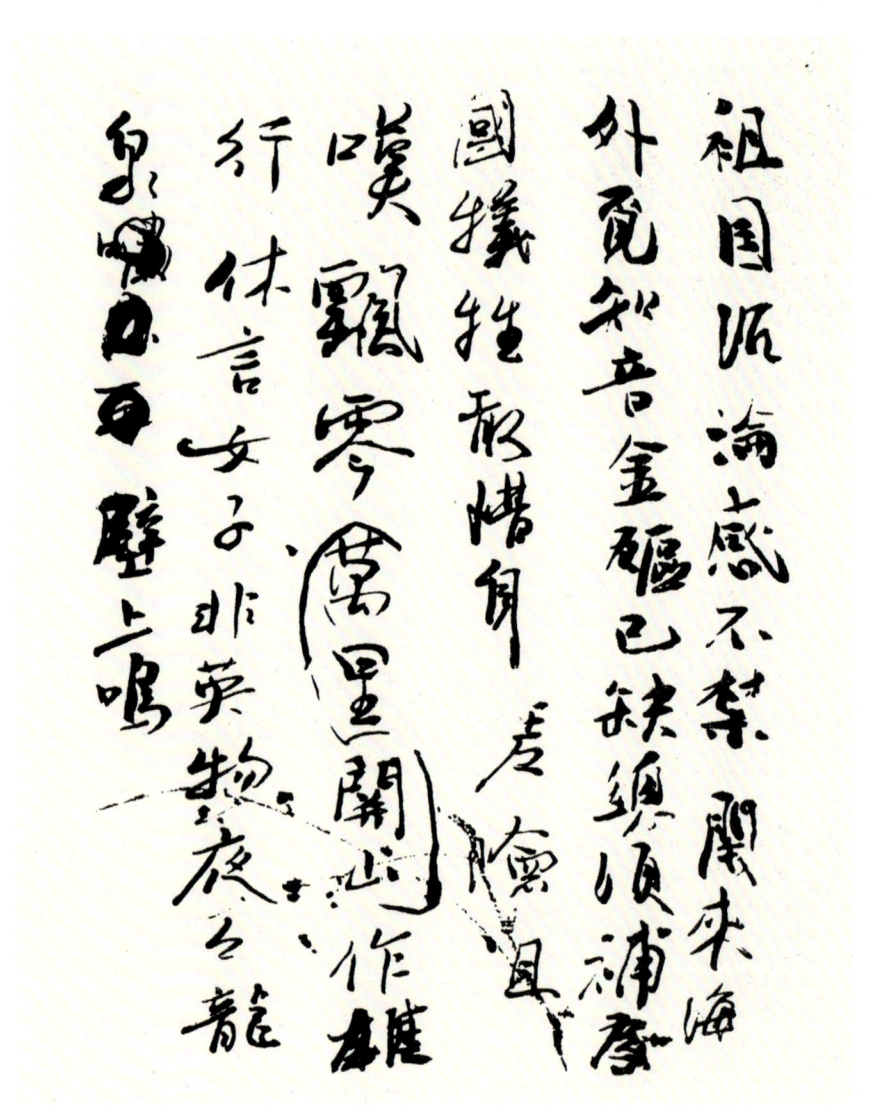

守望纪程
THE JOURNEY OF PRESERVING CULTURAL RELICS

秋瑾《鹧鸪天》手迹

致敬秋瑾

徐锡麟像

徐锡麟(1873—1907),字伯荪,浙江绍兴山阴东浦人,近代辛亥革命先驱。1907年5月,在安徽安庆举义,枪杀巡抚恩铭,终因寡不敌众,英勇捐躯。

徐锡麟手迹

秋瑾本来可以不死。从史料可知,1907年7月6日,徐锡麟安庆起义失败,秋瑾女友——上海女子师范学堂教师王璧华怕因此连累秋瑾,托人与上海法国巡捕房联系好,让秋瑾暂避法租界,并派学生胡踵秋去绍兴,护送秋瑾赴沪。7月10日,胡见到秋瑾时,秋瑾已从报纸上了解到安庆起义的全过程,并陆续收到浙江多地会党首领因准备不足而被捕甚至遇害的消息。秋瑾悲痛万分,但镇定自若。胡踵秋力劝秋避难上海,秋则毅然拒绝说:如满奴能将我绑赴断头台,革命成功至少可提早五年,牺牲我一人,可以减少后来千百人的牺牲,不是我革命失败,而是我革命成功。

后不断有人劝秋瑾撤离,均被秋瑾用各种不同理由拒绝。11日,秋瑾给自己的学生、上海的徐小淑写下遗书,这就是著名的《致徐小淑绝命词》:"痛同胞之醉梦犹昏,悲祖国之陆沉谁挽?日暮穷途,徒下新亭之泪;残山剩水,谁招志士之魂?……虽死犹生,牺牲尽我责任。即此永别,风潮取彼头颅。壮志犹虚,雄心未渝,中原回首肠堪断。"7

037

守望纪程
THE JOURNEY OF PRESERVING CULTURAL RELICS

月12日,秋瑾已从各方渠道收到密报,得知清政府已派兵火速捕她,命悬一线之际,秋瑾选择就义,她说:"危局如斯敢惜身?愿将生命作牺牲。"每读此,深为秋瑾慷慨赴死的侠骨义胆而感奋不已。秋瑾可以不死,但她选择死,这舍身取义的死,是将生命作为牺牲,奉献给她的民族。

徐自华

徐自华(1873—1935),字寄尘,浙江桐乡人。南社女诗人、秋瑾女侠的挚友,其由封建社会的大家闺秀转变为革命志士的挚友,从哀怨命运多舛的旧式妇女成长为投身革命的战士。

徐蕴华

徐蕴华(1884—1962),字小淑。十岁受学于姐自华。清光绪二十九年(1903),入湖州南浔浔溪女学。三十二年初春,秋瑾至女学任教,鼓励其立志成女杰。旋入同盟会。随之转入上海女校就读,助编《中国女报》。翌年五月,出首饰与姐自华同助秋瑾起义。六月,秋瑾殉难后,蕴华悲愤填膺,与姐渡江,冒死护送灵柩安葬西湖。后又与姐和陈去病创组秋社。

湖州南浔

1906年2月,秋瑾经嘉兴褚辅成介绍,应湖州南浔浔溪女校之聘为该校教员。

《语丝》

《语丝》是现代文学史上第一个以散文为主的文学刊物,以刊登简短犀利的思想杂感、社会批评随笔等为主,承续了"五四"思想精髓。

《野草》

《野草》是鲁迅创作的一部散文诗集,收录1924年至1926年间所作散文诗23篇。

张承志说,鲁迅的《药》隐含着他对于同城的秋姑娘的某种惭愧与歉疚,我以为是有道理的。张的另一篇文章《回望和畅堂》更是挑明了鲁迅内心的愧疚。以思想的深邃和目光的透彻,鲁迅对于"牺牲"曾经作过反反复复的矛盾思考,在《野草·希望》一文中,鲁迅说,"这以前,我的心也曾充满过血腥的歌声","而忽而这些都空虚了,但有时……","然而就是如此,陆续地耗尽了我的青春"。文字在不断的转折与相互的否定中推进。在《语丝》上鲁迅发表了杂文《牺牲谟》,借叙述者之口说:"我最佩服的就是什么都牺牲,为同胞、为国家。我向来一心要做的也就是这件事。"这种彻骨的寒冷几乎是鲁迅对牺牲者命运的一贯思考,也是他经由在现实世界里的遭遇所得出的不无悲哀、更多愤怒的结论。

1927年,鲁迅初到厦门,致信许广平,谈到牺牲者时,他打了一个比方,有如"变了药渣",虽然也曾煎熬了请人喝过汁,一变药渣,便什么人都来践踏,连先前喝过汁的人也来践踏,不但践踏,还要冷笑。在《药》中,秋瑾成为夏瑜,在牢中遭人掌掴,在茶馆遭人嘲笑。鲁迅冷眼看世界,将人心都看透了,这牺牲还有什么意义呢?可鲁迅的深刻

守望纪程
THE JOURNEY OF PRESERVING CULTURAL RELICS

岂只剖析世人对"牺牲"的认知与态度,更在于剖析了拿"牺牲"作口号在行动中所表现出来的真正本质:有口是心非者,有喊口号而不践行者,有喊口号牺牲别人而让自己存活者。年轻时写文章不敢轻易使用"抛头颅,洒热血"这样的句子,觉得太轻易、太轻浮,现在想来,那时的这种做法,实在是有道理的直觉表达,这正是鄙夷了鲁迅所鄙夷的"口号党"的招式。

鲁迅在秋瑾面前显得冷静与理性。秋瑾作出了牺牲,鲁迅作出了对牺牲的思考,都是我们民族的先知。但当一个人,尤其是一个年轻的女子,"抛头颅,洒热血"成为一个铁定的事实,她与"口号党"没有一丝一毫的关系时,作为思想者的鲁迅内心的愧疚是可以想见的。

但鲁迅的深刻关乎一个民族的命运。从山阴县府衙门到轩亭口的几百米路,我不知道当年的秋瑾是如何走完的。面对红眼睛阿二和华老栓们,她还想与他们说"大清是我们大家的吗"? 看来鲁迅的眼睛确实比秋瑾犀利,鲁迅读懂了庄子,知道不能与夏虫语冰。秋瑾天真,去与夏虫语冰,最后他们都说她疯了,迎来的结果是自取其辱的耳光。这个耳光在历史的面前是要付出代价的,愚昧的后果,是要让我们还须在耻辱的世界里受更多的惩罚。

《呐喊》

《药》创作于1919年,收录于鲁迅的第一个小说集《呐喊》。这篇小说通过茶馆主人华老栓夫妇为儿子小栓买人血馒头治病的故事,揭露了长期的封建统治给人民造成的麻木和愚昧,暗中颂扬了革命者夏瑜英勇不屈的精神。

绍兴秋瑾故居门厅楹联"悲哉秋之为气,惨矣瑾其可怀"

20世纪50年代,秋瑾故居曾经作为疯人院而存在过,据说最多时所关的"疯子"有三百多人。当我读到这一史料时,内心五味杂陈。我不知道当年做出这一决策的人是出于什么用意?半个世纪前,红眼睛阿二们骂秋瑾是"疯子",秋瑾死后半个世纪,竟然有人把她的故居作为疯人院。历史的吊诡,实在令人心惊!据说连当年杀秋瑾的刽子手,后来在会稽城南捐造了一座桥,这或许就是他暗暗地在向秋瑾赎罪。我想,做出将秋瑾故居作为疯人院决策的那些人,以他们的年龄算,他们已经再也赎罪不了,也忏悔不了。我想,他们在彼岸如何坦然地面对秋瑾?

解放路上的秋瑾纪念碑是古城的一个标志性建筑,也是一道独特的风景。建于1930年的纪念碑,至

绍兴秋瑾故居

守望纪程
THE JOURNEY OF PRESERVING CULTURAL RELICS

今已有近一个世纪的历史。在这风云变幻的百年岁月里,纪念碑历尽沧桑而依然矗立在古城的街头,也算是一个奇迹了。因为我们的历史里,有着许多次毁墓毁碑的蠢举,那个十迁秋瑾墓的故事里就充斥了无限的悲凉与荒唐。由秋瑾纪念碑的历史,让我想起两个人。一个是建碑人,一个是护碑人。建碑人是王子余,护碑人是毛昭晰。王子余先生是名副其实的绍兴乡贤,光就他20世纪初创办《绍兴白话报》,就足以名垂青史;秋瑾纪念碑正是在他历尽千辛万苦后才得以建立起来的。小时候,古城里有一条小巷就是为了纪念这个人物而叫"子余路"的。毛昭晰先生是德高望重的"中国文物、博物馆事业杰出人物"。20世纪80年代,在城市改造的狂欢里,绍兴的当政者们曾经有迁移秋瑾纪念碑的决策。时任浙江省文物局局长的毛昭晰先生获悉后,坚决反对。正是他的力排众议、据理力争,才得以让秋瑾纪念碑岿然不动。我想,我们的历史里,虽然有着这样那样的曲折。然而,正是在曲折里,那些有着穿透时空的慧眼,对牺牲者怀有极大敬意的人,最后都成为拯救劫难而力挽狂澜的压舱石。"忘记历史意味着背叛。"铭记历史才让牺牲者的牺牲有了个体的意义和民族的意义。

王子余(1874—1944),名世裕,绍兴城区人,周恩来姑父。光绪二十九年,创办《绍兴白话报》

毛昭晰,1929年生,浙江奉化人,历史学家。浙江大学历史系教授,曾任浙江省文化厅副厅长、文物局局长,全国人大常委会委员

秋瑾纪念碑，位于绍兴市解放路与府横街交叉口（古称"古轩亭口"），为秋瑾烈士就义处。碑高7米，1930年落成。纪念碑由王子余发起建立，由张静江题额，蔡元培撰碑记，于右任书丹

王公懿木刻《秋瑾组画》之一

　　王公懿《秋瑾组画》中的秋瑾形象是我最为认同的秋瑾艺术形象。我以为王公懿先生奉献给我们的秋瑾，其内心世界的第一义是悲悯，这悲悯是如此深广和巨大，以至有时让我不忍久视，但当我闭上眼，它却凝固成一股黑白交织的力量逼视着我。我常想，这样一个美丽的娇弱女子，本该在深闺中抚琴咏诗，然后在养尊处优中慢慢老去，但她却要去作牺牲，她说"身不得，男儿列。心却比，男儿烈！算平生肝胆，因人常热。俗子胸襟谁识我？英雄末路当磨折"。她不是"口号党"，她的肝胆"因人常热"，她的眼里蓄着悲悯的泪光。因为有这样悲悯的泪光，我们的民族才有希望。

2021年清明节于绍兴市文化中心

1993—1996 年纪程

1993

4月，绍兴博物馆隆重举行开馆仪式。基本陈列"稽山毓秀 鉴水流芳——绍兴史迹陈列"对外开放。任绍兴博物馆党支部书记、馆长。

9—12月，参加绍兴市委党校中青年干部培训班学习。

1993—2002年，担任政协绍兴市第四、第五届委员。

绍兴市政协委员证

绍兴博物馆开馆仪式

绍兴博物馆，位于市区延安路。占地14000平方米，一期工程建筑面积2700平方米，于1992年4月6日奠基，1993年4月6日如期建成，隆重举行开馆仪式。绍兴博物馆是一座历史博物馆，主展厅1800平方米。基本陈列"稽山毓秀 鉴水流芳——绍兴史迹陈列"，系统地介绍了绍兴自新石器时代至辛亥革命的历史演绎。

守望纪程
THE JOURNEY OF PRESERVING CULTURAL RELICS

绍兴博物馆"稽山毓秀 鉴水流芳——绍兴史迹陈列"

绍兴博物馆序厅

1994

6月，主持编辑《绍兴文博》专业期刊。

1994年12月，绍兴博物馆举行"秦始皇陵兵马俑展"

《绍兴文博》创刊号

1995

5月，接待江泽民总书记来绍兴博物馆视察。

5月，主持编印出版《绍兴博物馆》简本画册。

《绍兴博物馆》简本画册

1995年6月，作者在绍兴博物馆办公室

守望纪程
THE JOURNEY OF PRESERVING CULTURAL RELICS

1995年11月,绍兴博物馆举行"大型恐龙暨珍稀动物标本展"

"大型恐龙暨珍稀动物标本展"现场

1995年3月,绍兴博物馆举行"黄宾虹先生画展"

1995年9月,绍兴博物馆举行"胜利属于人民"纪念抗日战争胜利五十周年大型图片展

1996

10月,任绍兴市文物管理处党支部书记、主任。

1996年6月,与绍兴博物馆同仁赴北京参观学习(左三为作者)

我读鲁迅

1936年鲁迅逝世，终年56岁。这个年纪，在今天看来，走得有点早，但这是天命，天命谁也不可违，当然也包括像鲁迅这样的天才。

就生命的长度而言，鲁迅确实短了点，但他天才的生命厚度与密度却不得不令人惊叹。周扬曾经说过，他深信鲁迅、毛泽东是难得的天才。这两个人，一个骂过他，一个批过他，以他的经历与学识，周扬晚年还是服服帖帖地称他们为天才，这个认识应该是由他的亲身经历所悟到的，并由衷感叹，人世间确实存在着天才。

鲁迅像

鲁迅（1881—1936），原名樟寿，后改名树人，字豫山，后改字豫才，浙江绍兴府会稽县（今浙江绍兴）人。思想家、文学家、革命家、教育家，新文化运动的旗手，中国现代文学的奠基人之一。

《华盖集》

鲁迅杂文集代表作有《热风》《坟》《三闲集》《二心集》《华盖集》《而已集》《南腔北调集》《且介亭杂文》等。

张怀江版画作品《狂人日记》

鲁迅的天分世所共鉴。作为小说家，1918年5月，鲁迅在《新青年》上发表中国现代文学史上第一篇白话小说《狂人日记》，以其语言的开创性和思想的深刻性奠定了中国新文学运动的基石。此后七年间，鲁迅所创作的小说因其揭示人性的深与形式实验的广，足可跻身世界文豪之列。

作为杂文家，鲁迅在小说之后，独创杂文这一具有强烈创造性、灵活性、批判性的文体形式。他的杂文更是成为全景式展示和批判中国社会的百科全书。

作为翻译家，他大量翻译外国的文学作品、自然科学和社会科学著作，为开启民智、引入先进文化思想理念作出了巨大贡献。

守望纪程
THE JOURNEY OF PRESERVING CULTURAL RELICS

作为美术理论家与中国现代美术的倡导者,鲁迅热诚推介西方美术理论和美术创作,尤其是西方的木刻、版画艺术。可以说,没有鲁迅,中国还会更久地沉浸在旧的时代中,不能与现代美术思想和美术创作全面接轨。

凯绥·珂勒惠支自画像

凯绥·珂勒惠支(1867—1945),德国杰出的版画家和雕塑家。

1936年10月8日,在逝世前11天,鲁迅与木刻青年在一起

我读鲁迅

凯绥·珂勒惠支《牺牲》

1930年7月,凯绥·珂勒惠支因其作品高度的思想力量和艺术表现力量,引起鲁迅的高度重视。
1931年9月20日出版的《北斗》创刊号上,鲁迅刊载一幅珂氏木刻组画《战争》中的第一幅《牺牲》,作为第一幅介绍珂氏到中国来的版画。
1931年8月17日,鲁迅在上海举办我国第一个木刻讲习会,请内山嘉吉讲解版画创作,自己翻译。事后,鲁迅将珂氏亲笔签名的一套组画《织工的反抗》送给内山嘉吉。
1932年,珂勒惠支作品展在上海展出,展品由鲁迅提供。
1936年5月,由鲁迅自费,以三闲书屋名义出版《凯绥·珂勒惠支版画选集》,这是中国出版的第一本珂氏版画选集,其内容之精彩、装帧之精美,受到出版界盛赞,该画册也是鲁迅生前亲自编选的最后一本版画集。
鲁迅为什么如此推重珂勒惠支?这是因为鲁迅在珂勒惠支的作品中看到了惊人的创造性与深切的批判性,并由此产生强烈的共鸣。创造性与批判性正是鲁迅天赋的才华,一切陈腐的缺乏创造力的所谓的艺术都为鲁迅所鄙视,而鲁迅所处时代所谓国粹的绘画艺术正是一个毫无创新意识、不断被复制的表面装雅实质却俗到骨头里去的惰性的程式化滥调。所谓的"春夏秋冬""梅兰竹菊",千人一面、千年不变的老调,正是扼杀艺术家个人意识和独立表达及思想深刻性的沉重而腐朽的桎梏。鲁迅用他生命最后的时间集中了他最大的精力,做成他天才最后的事业——倡导并直接指引中国的新兴版画事业。他做成了,不仅影响了我们民族的艺术,更大地影响了我们民族的创造性与批判性。

守望纪程
THE JOURNEY OF PRESERVING CULTURAL RELICS

作为一名学者,鲁迅运用现代的学术观念研究中国的古典小说,写成被郭沫若誉为"与王国维的《宋元戏曲史》并称为中国近代学术史上的双璧"的《中国小说史略》。此外,鲁迅还整理校对勘正了《古小说钩沉》《嵇康集》《会稽郡故书杂集》等数十部古籍,为后世的古典文学及文献研究留下了一笔巨大财富。

不仅如此,鲁迅还收藏整理汉画像、瓦当、砖文、佛教造像等拓片7000余枚,准备以一己之力,写成《中国文字史》《中国佛学造像史》,可天不假年,成一大遗憾。

《中国小说史略》

《中国小说史略》是由现代文学家鲁迅撰写的第一部系统地论述中国小说发展史的专著。这部专著从远古神话传说讲起,至清末谴责小说为止,完整地论述了中国小说的起源和演变,精当地评价了中国各个历史时期具有代表性的小说作家和作品,深刻地分析了中国小说史前后期小说之间的内在联系。

鲁迅藏汉画像砖拓片

显然,要给鲁迅的开创之功与产生的影响列一个清单是一件鲁莽而愚蠢的事,但有一点想法我可以内心坚定而踏实地说出来,那就是除非不涉足,只要他一涉足,鲁迅都将成为这一领域中开疆拓土式的人物。鲁迅以他短促的生命,完成了其他人几辈子都完成不了的工作。这是必然的,因为天分不够,非天才怎能完成这样的工作呢?但我以为这还不够重要,重要的是鲁迅堪称现代中国的良知和精神导师,他影响着一代又一代的中国人。这个影响是巨大而深刻的,不仅关乎中国人的智慧,更关乎中国人的德性。

1923年11月,鲁迅在北京师范大学发表演讲

守望纪程
THE JOURNEY OF PRESERVING CULTURAL RELICS

"天妒英才"只是说说而已,只是给早夭的天才一个事后的不在场的安慰罢了,然而天才付出的心力与体力岂是常人能够深层并深切地体会到的呢?

读鲁迅小说,我特别喜欢《孔乙己》,每次读,每次都有不一样的感觉。文字的表层,看似弥漫着市井的讪笑,背后显现的却是人间的悲剧。科举制度所造成的读书人的命运及社会困境被深层地揭示,读罢令人潸然泪下。联想起前些日子看到的一则新闻,某组织通过对改革开放四十年来的高考状元进行跟踪调查,最后发现,所有的状元中竟然没有产生出任何一个行业的领军人物,这样的一个结局难道不足以令人扼腕叹息?由孔乙己到高考状元的前途景况,让我们由此可以认识到:人的教育与发展的问题,是一个极其久远和严峻的社会问题。

孔乙己最后因偷窃而被打断了腿,靠着双手爬行。有人说,这是鲁迅式的着墨于读书人的冷峻笔调,暗喻着中国知识分子表面被科举制度诱惑,而实际上深层地被科举制度所裹挟,直至挺不起脊梁的悲哀结果。不知道这个解读是否符合鲁迅的原意。

赵延年版画作品《孔乙己》

郁达夫（1896—1945），名文，字达夫，浙江富阳人，现代作家、翻译家

郁达夫评说鲁迅，"当我们见到局部时，他见到的却是全部。当我们热衷于掌握现实时，他已把握了古今与未来"。这个解读让我想起鲁迅与梁实秋关于译介论战的那桩公案。显然，我以为鲁迅对于信达雅的理解，其背景是建立在对于国民性的深刻认识之上的。他认为翻译的写意与写实，对于一个尚须改进惰性的族群来说，硬译式的写实翻译或许更符合中国的现实。而雅舍里的梁实秋为雅所遮蔽，与鲁迅的社会认识难在同一个层面。这种深邃的天才远见，到今天还不为许多人所认识，难怪郁达夫会发出这种感叹！但反过来更证明了鲁迅天才的远见卓识和内心的操守。

鲁迅的译介思想其实与其译介的内容是分不开的，其所译介的内容多与被压迫、被奴役民族的生活与斗争有关，借此唤醒自己民族的同胞，鼓舞自己民族的斗志，在文字的通道里产生民族与民族之间的共鸣与震荡。同时，鲁迅思想的深刻性决定了其文字的冷峻与干练。鲁迅不喜欢风花雪月，在他的文字中很少有缠绵的情、美丽的景。鲁迅要的是冷静的剖析、深入骨髓中去的尖刻。鲁迅之所以反林语堂、梁实秋式的雅趣文字，是因为其审美的去风景化与反雅致化意识。鲁迅以为，我们的民族长此甜蜜优雅下去，国人就再也没有血性的精神和刚健的气质了。这是鲁迅始终保持着警惕的东西，当有了这种严肃的警惕之心，鲁迅怎么还会认同梁实秋的译介观呢？

鲁迅深知我们民族有着久远的玩雅的历史，至明清民国玩雅更见其甚。玩书画、玩石头、玩鸟笼、玩文字、玩斋名，玩得不亦乐乎。鲁迅周边的文人几乎人手一个斋名，有的多达数个，什么苦雨斋、苦茶庵、雅舍，等等。鲁迅有一个斋名，是人送的。那是鲁迅因为女师大风潮中支持进步学生，被无耻文人诬蔑为"学匪"，鲁迅顺此将自己的书房命名为"绿林书屋"，予以讽刺与回击。

当年在南京，整个临时政府内，周树人的六朝骈骊屈指第一。可见，要玩文字的雅，鲁迅是最有资格的。但鲁迅深

《工人绥惠略夫》

《工人绥惠略夫》是俄国作家阿尔志跋绥夫的作品，小说写的是一位大学生，他原本对革命充满了热情，"充满了勇气和确信"。然而在一次失败的罢工运动中，他的爱人被绞死，痛失爱人的他慢慢地"失了这勇气了"，继而变得冷漠、无情，乃至对于他原先所无私热爱的人民也变得憎恨起来。鲁迅在当时翻译该作品，可见出其深刻的思想和深邃的眼光。

知,玩着玩着就将国运给玩颓,将人的思维给玩衰。鲁迅深知自己所处的时代是一个风雨飘摇的时代,他说:"何况在风沙扑面、狼虎成群的时候,谁还有这许多闲工夫,来赏玩琥珀扇坠、翡翠戒指呢?"琥珀扇坠、翡翠戒指只是一个象征,在鲁迅的价值观中,国家、民族的利益始终是放在第一位的,个人的趣味只应置于一个小小的角落。在这样的价值观下,在这样的一个狼虎成群的特殊年代,鲁迅当然与玩雅的译介观分道扬镳。

鲁迅的价值观、历史观、审美观、文学理念、译介思想等构成了一个自洽的体系。鲁迅的思想言行是高度一致的,其译介思想正是其做人做学问的一个表

鲁迅在书房

守望纪程
THE JOURNEY OF PRESERVING CULTURAL RELICS

征而已。

　　1998年，纽约古根海姆现代美术馆举办西方世界第一次中国美术大展，其中1900年到1980年的专题展，集中了几代人具有代表性的国画、油画、版画和书籍装帧作品。相比于鲁迅一手培植的新兴版画艺术及亲自动手设计的装帧艺术作品，民国初那些所谓的新国画既陈腐又比不得古人；而新兴版画"比我记得的印象，更优秀——纵向比较，左翼木刻相对明清时代的旧版画，是全新的，超前的，自我完满的；横向比较，与上世纪二三十年代德国、英国、苏俄，以及东欧的表现主义，完全是对应的，除了技术略显粗糙，论创作的动机、状态，甚至品相，与欧洲同期的同类作品，几乎同一水准。在那项展览中，二十世纪的中国油画顶多只有文献价值，惟左翼木刻和几份书籍装帧，刚健清新，品相端正，可以拿得出去，放在世界上，有神气，不丢脸，是一份可观的交代"。陈丹青的这段文字，结合我常在思考的一个问题，那就是，假如没有鲁迅，我们当下民族的创造性和批判性放之于世界，将会是哪一番光景？

　　　　2020年国庆节于绍兴市文化中心

鲁迅亲自设计的封面《引玉集》

陶元庆为许钦文作品《故乡》设计的封面

1931年8月，鲁迅在上海举办的木刻讲习会结业时的合影，前排右三、右二分别为鲁迅、内山嘉吉

1997—1999 年纪程

1997

2月，主持沈园"放翁桥"建设。

3月，主持周恩来祖居全面修复工程，收回座楼及东、西轴线建筑，完整恢复原貌。

9月，绍兴市文物管理处向社会公开招聘讲解员，经过笔试、面试、政审、体检，择优录取6人。

10月，主持征用大禹陵东侧山地40余亩，沿山体砌筑保护性围墙，对大禹陵景区实施封闭式管理。组织专业人员对大禹陵"享殿"遗址进行考古发掘。

11月，主持编辑出版《绍兴市考古学会论文集》。

沈园"放翁桥"

周恩来祖居

1997年，作者为周恩来祖居修复工程捐款

周恩来祖居，位于绍兴市区劳动路，占地2165平方米，建筑面积1680平方米。为1998年纪念周恩来诞辰100周年，进行全面修复，系浙江省文物保护单位。

《绍兴市考古学会论文集》

1997年4月，为筹备纪念周恩来诞辰100周年活动，与绍兴市文化局局长黄松保先生在北京中南海西花厅（左为作者）

1998

2月，主持编写《兰亭》一书，由浙江美术出版社出版。

3月，为纪念周恩来诞辰100周年，周恩来祖居全面修复工程如期完成，调整原状陈列，布置"周恩来与故乡"陈列，建成"绍兴周恩来纪念馆"，对外开放。

4月，主持兴建"文物办公楼"，历时一年，顺利落成。

5月，被中共绍兴市委宣传部、共青团绍兴市委、绍兴市青年联合会评为"绍兴市优秀青年"。

6月，被中共绍兴市委授予"绍兴市优秀共产党员"称号。

10月，绍兴市文物管理处被人事部、国家文物局授予"全国文物博物馆系统先进集体"。

《兰亭》

周恩来祖居座楼

周恩来祖居大厅

文物办公楼

周恩来祖居小堂前

守望纪程
THE JOURNEY OF PRESERVING CULTURAL RELICS

1999

4月,主持浙江省文物保护单位——蔡元培故居全面修复工程,争取蔡先生后裔支持,收回座楼及厢房建筑,完整恢复原貌。5月,被共青团绍兴市委、绍兴市青年联合会授予首届"绍兴市青年五四奖章"。

蔡元培故居小堂前

蔡元培父母卧室

蔡元培故居座楼

1999年3月,国家文物局副局长郑欣淼在省文物局局长鲍贤伦陪同下来绍检查文物安全工作(右三为作者)

1997—1999年纪程

6月,中共绍兴市委决策组建绍兴市文化旅游投资发展有限公司,同时调整绍兴文物管理体制。任绍兴市文化旅游投资发展有限公司副总经理、绍兴市文物管理局局长。

10月,绍兴市人民政府批转市文物局《关于加强我市文物保护工作的意见》。

11月,主持编写《绍兴文物精华》(上卷),由浙江美术出版社出版。

是年,随绍兴市文化代表团赴欧洲五国考察。

《绍兴文物精华》(上卷)

力求保护与开发的相互促进
——访市文化旅游投资发展有限公司副总经理、市文物局局长高军

本报记者 冯立中

市文化旅游投资发展有限公司的组建给人们引出了一个话题,即公司的组建将对我市的文物保护与开发产生什么样的影响?文物景点的企业化运作能不能保证诸多文物的保护?就这些问题,记者日前采访了市文化旅游投资发展有限公司副总经理、市文物管理局局长高军。

高军首先指出,文物的保护与开发是相辅相成的,要通过规范的运作,加大保护力度与加快建设进度,力求形成良性循环。他说,悠久的历史文化是我市发展旅游业的重要依托,也是我市旅游业的特色和灵魂所在。以往绍兴的文物保护工作为旅游业的发展奠定了坚实的基础。建设旅游大市,发展旅游产业,对绍兴这样的历史文化名城来说,一是要切实保护好现有文物,以深厚的历史文化吸引人。二是要加大开发力度,不断推陈出新吸引人。文物的开发必须是在保护的基础上进行才能有效开发,文物保护也只能是在发展的过程中进行才是积极的。保护与开发应当相互促进,相得益彰。

高军认为,市文化旅游公司的成立不但不会影响到文物的保护工作,而且还将更加有利于把保护与开发有机结合起来。他说,市委、市政府决定市文化旅游公司和市文物管理局合署办公、职能分开,是充分考虑到文物保护与开发的,两单位的紧密结合从组织上保证了我市文物保护与开发工作的更好开展。

在实际操作中如何把文物的保护与开发结合起来?高军认为,当前,第一要坚持文物工作的方针、原则不动摇,继续按照"保护为主、抢救第一"的方针和"有效保护、合理利用、加强管理"的原则做好各项文物业务工作,加大文物保护的宣传力度和执法力度,进一步增强市民的文保意识,减少对文物的损坏和文物资源的流失;第二要以规划为先导,扎扎实实地加大文保单位的开发力度。高军说,文物的保护与开发要真正有机结合起来,就必须着力把握好文物的本体与外围,存量和增量之间的关系。对文保单位的开发,只能在保护好本体的前提下,拓展景点的外围,挖掘其内在的历史文化内涵,盘活存量资源,扩大增量资源。对文保单位,我们要本着对历史负责,对未来负责,对全市人民负责的精神,不仅要加强保护,传承历史,而且要加紧拓展,创造出无愧于时代的历史。

高军最后谈到,全市文物工作者将以高度的责任感,尽心尽责地努力工作,妥善把握文物的保护与开发之间的关系,力求使两者相互促进,相得益彰。

1999年7月6日,接受《绍兴日报》记者专访

1999年8月,绍兴市文化代表团在德国法兰克福市文物保护局(左二为作者)

1999年8月,绍兴市文化代表团赴欧洲考察。作者在法国巴黎卢浮宫

065

守望纪程
THE JOURNEY OF PRESERVING CULTURAL RELICS

稽山鉴水的恩泽

2018年春,中共绍兴市委、市政府决策兴建绍兴名人馆。是年,因机构调整,我相继历经绍兴市文物管理局、绍兴市文化广电新闻出版局、绍兴市文化广电旅游局(绍兴市文物局)三个职能单位的变迁。鉴于工作的连续性和专业性的需要,徐泳、陈泉标、何俊杰三任局长均嘱咐我牵头筹建"绍兴名人馆"。虽说,在绍兴文博领域摸爬滚打了三十多年,但是,坦率地说,领受这一任务,对我而言,还是觉得有些勉为其难的。因为,在我看来,这不仅是绍兴文化建设的一件大事,同时更是一项高难度的专业性工作。因此,内心不免诚惶诚恐,以至常常辗转反侧,度过了许多个不眠之夜,

绍兴名人馆

稽山鉴水的恩泽

绍兴名人馆序厅

唯恐有辱使命。

绍兴,钟灵毓秀,人杰地灵。在漫长的历史岁月中,我们的祖先将这一方土地,垦拓成世人瞩目的热土,并在此创造了光辉灿烂的文明。绍兴,名人辈出,灿若群星,任何一个历史时期的绍兴文化都光华熠熠,辉映着整个华夏文明的星空。

山阴道上,应接不暇。历史上的绍兴,有句践、钱镠等贤明君主,范蠡、周恩来等社稷重臣,王充、王守仁等宗师圣哲,王羲之、徐渭等艺术巨匠,章学诚、范文澜等文史大家,陆游、鲁迅等诗圣文豪,蔡元培、经亨颐等教育巨擘,姚启圣、陈仪等爱国将领,姚长子、葛云飞等民族英雄,徐锡麟、秋瑾等仁人志士……他们或从这里成长并走向世界,或在这里生活并创造业绩。他们是民族的脊梁、文化的标杆,是我们城市的骄傲。他们的遗迹和遗物,既是厚重的文化遗产,更是宝贵的精神财富;他们的嘉德和懿行,不仅惠泽后人,而且在绍兴乃至中国历史上留下了不可磨灭的印记;他们的思想和精神与天地共存,与日月同辉。

067

守望纪程
THE JOURNEY OF PRESERVING CULTURAL RELICS

　　曾经有外地学者问我，绍兴历史名人的性格中，有两种截然不同的特点，有的雄强、刚烈，比如说秋瑾、鲁迅；有的温厚、内敛，比如说蔡元培、周恩来，这是为什么？我回答说，一方水土养一方人。绍兴既有会稽山的巍峨，又有鉴湖水的柔韧。"稽山""鉴水"合力造就了绍兴人刚柔并存的性格……正是这样的山水和大地，才孕育出绵延不绝、彪炳千秋的人物。在波澜壮阔的中国历史长河中，绍兴所涌现的"埋头苦干的人、拼命硬干的人、舍身求法的人、为民请命的人"，他们都是民族的脊梁！我们把他们的思想、业绩、精神进行深入的挖掘、展示、提炼，并恰如其分地加以表述，这既是对绍兴历史名人的褒扬和尊崇，也是对绍兴城市特色的凸现和彰显，更是对历史文化名城后来者

会稽山

鉴湖

会稽山,绵亘绍兴、嵊州、诸暨、东阳等地,是古越人聚居的中心。

鉴湖,史籍中有许多别称。东汉永和五年(140),会稽太守马臻利用发源于会稽山的数十条溪河,在越国时期的山阴故水道和山会平原一些零散湖堤的基础上,围筑堰塘,汇聚"三十六源"之水筑成鉴湖,湖面达170平方公里,涉山阴、会稽两县(今越城区、柯桥区和上虞区),相当于今天30个西湖的面积。"千金不须买图画,听我长歌歌镜湖。"这是宋代诗人陆游对故乡鉴湖的由衷赞美。"鉴水"是绍兴的母亲湖,"稽山"是越文化的发祥地,"稽山鉴水"是绍兴的代名词。

守望纪程
THE JOURNEY OF PRESERVING CULTURAL RELICS

的启迪和鞭策。

"鉴湖越台名士乡，忧忡为国痛断肠。剑南歌接秋风吟，一例氤氲入诗囊。"伟人毛泽东的这首诗，热情赞颂了历史文化名城绍兴，并高度评价了以陆游、秋瑾、鲁迅为代表的越地名人及其不朽功绩。"海岳精液，善生俊异"，越地自古多贤杰，代不乏人世称羡。绍兴名人文化博大精深、源远流长，名人文化是绍兴这座中国古都、江南水城最具特色、优势和魅力的文化核心。在搜集、整理、提炼绍兴名人的思想、业绩、精神的过程中，我的心灵一次次地受到震撼和洗礼，并由此萌生了在绍兴名人馆建成开馆之际，以图文并茂的形式，编写出版《鉴湖越台名士乡——绍兴名人图传》一书的想法。于是绞尽脑汁、搜肠刮肚，夜以继日地全身心投入这项工作中去。这在旁人看来，无异于"老夫聊发少年狂"，但对我来说，却是"而今迈步从头越"。

遥想 1981 年 10 月，本人考入绍兴市文物管理委员会，开始人生的工作历程，屈指算来，我从事文物、博物馆这一行已历 38 年。记得 1992 年秋，我从复旦大学历史系文博专业毕业不久，受时任绍兴市文化局局长鲍贤伦的委派，主持筹建绍兴博物

稽山鉴水的恩泽

2019年9月,作者(右一)在绍兴名人馆施工现场

守望纪程
THE JOURNEY OF PRESERVING CULTURAL RELICS

馆;进入新世纪,主持新建绍兴鲁迅纪念馆、绍兴周恩来纪念馆、绍兴蔡元培纪念馆、绍兴陆游纪念馆等工作;2018年,为配合市委、市政府重大活动,主持绍兴王阳明纪念馆、范文澜故居陈列布展等工作,三十余年,弹指一挥间。其间,与绍兴的文博事业结下诸多不解之缘。当然,我也已由充满激情的岁月而渐近花甲之年。

江山代有才人出,各领风骚数百年。名人的事迹给历史留下了最精美的"画卷",这些"画卷"虽世殊事异,但足以鉴古知今,济世育人。后之视今,亦犹今之视昔。客观来说,我们都必然老去。然而,我们用青春和热情去珍藏的记忆,必将历久弥新。著名社会活动家费孝通先生曾说过:"当地球越来越像地球村,当全球经济越来越一体化的时候,我们拿什么来维系我们中华民族的认同感和凝聚力呢?文化,只有文化才是我们的共同血脉。"

2019年大雪日
于绍兴市文化中心

绍兴名人馆展厅一角

绍兴名人馆展厅一角

2000 年纪程

2月，主持大禹陵景区"禹贡桥"重建工程，如期建成。

3月，为纪念蔡元培先生逝世六十周年，绍兴蔡元培故居全面修复完成；布置原状陈列和"蔡元培史迹陈列"，建成"绍兴蔡元培纪念馆"，对外开放。

3月，因绍兴市塔山中心小学易地扩建，谢家台门列入规划拆迁红线。市文物局经艰难交涉，据理力争，争取市政府主要领导支持，调整规划红线，使谢家台门得到妥善保护。

禹贡桥

绍兴蔡元培故居大厅楹联："高山仰止，学界泰斗震寰宇；万代流芳，人世楷模贯古今。"2000年，高军撰句，陈振濂书。

蔡元培故居大厅

蔡元培纪念馆

谢家台门

谢家台门，位于越城区延安中路。明代建筑，坐北朝南，分东西两条轴线布局。东轴线尚存三进，第一进为花厅，第二、三进均为座楼。西轴线共四进。依次为门厅、大厅、中厅、座楼。建筑规模较大，保存较好。现为绍兴市文物保护单位。

守望纪程
THE JOURNEY OF PRESERVING CULTURAL RELICS

4月,主持筹备第十六届中国兰亭书法节、公祭大禹陵典礼。

4月,合作主持编写《绍兴游》一书,由北京出版社出版。

作者主持"2000年中国兰亭书法节"广场千人书画表演活动

公祭大禹陵

历朝均有公祭大禹陵的活动。1995年,在大禹陵举行的"浙江省暨绍兴市各界公祭大禹陵典礼",是新中国成立以来第一次公祭活动。之后,每年或"公祭"或"民祭",成为绍兴市重大文化节庆活动。

《绍兴游》

4月，绍兴市文物管理局征集到春秋"青铜牛镇"、西汉"重围昭明铜镜"、西晋"四叶八凤纹铜镜"等三件文物，入藏文物库房。

西汉"重围昭明铜镜"

西晋"四叶八凤纹铜镜"

春秋"青铜牛镇"

青铜牛镇，春秋时期，高5厘米，底径6.5厘米。呈团状卧牛造型，内中空。臀部落地，后蹄屈，身躯侧卧，前蹄弓立，头回屈枕于前胸，器型敦实而别致。通体饰纹，牛脊部施二条绹索纹，腹、蹄部施鱼鳞纹，纹案规整而有条理。2000年4月，绍兴市区征集。国家二级文物。

守望纪程
THE JOURNEY OF PRESERVING CULTURAL RELICS

7月，合作撰写《绍兴古戏台》一书，由上海社会科学院出版社出版。

9月，主持全面修缮府山越王台建筑，布置"越国史迹陈列"对外开放。

10月，主持编写《绍兴文物精华》（下卷），由浙江美术出版社出版。

《绍兴古戏台》 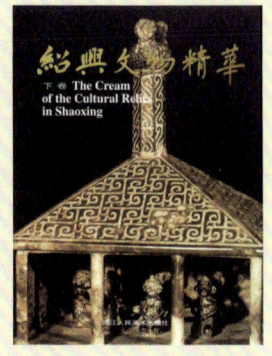　《绍兴文物精华》（下卷）

越王台

越王台，位于府山东南麓。曾为越王宫台之所在。南宋嘉定十五年（1222），知府汪纲在原址重建越王台。后屡毁屡建，1940年再次毁于战火。

现建筑于1980年在原址重建，状如城楼，建筑面积300平方米，为钢筋混凝土仿木结构，坐北朝南，面阔五间，单檐歇山顶。2000年全面修缮，布置"越国史迹陈列"对外开放。系绍兴市文物保护单位。

12月，主持浙江省文物保护单位——大通学堂全面修复工程。争取有关部门支持，收回东、西轴线建筑及西侧操场，完整恢复原貌。

是年，随浙江省文物代表团赴美国考察。

2000年4月，与著名文物专家谢辰生先生在绍兴周恩来祖居（右为作者）

2000年12月，与国家文物局副局长张柏先生在绍兴鲁迅故居（左为作者）

2000年8月，与浙江省文物局局长鲍贤伦先生在美国华盛顿佛利尔艺术博物馆（左为作者）

守望纪程
THE JOURNEY OF PRESERVING CULTURAL RELICS

此心光明　无悔人生

大通学堂长廊

又到夏至了，中午还与家人一起吃了面。农历的夏至是地球的"转折点"，过了这一天，时光又将慢慢走向下一个半年。夏夜的天空，繁星点点，少年时，那星空的高远，曾经是何等让人产生遐想！如今，这遐想早已只剩下感慨了。"逝者如斯夫"，想到一年的光景，一半又已过去，孔老夫子当年面对流水所发出的感叹，两千多年后的今天，对我来说，依然能产生共鸣。

前些日子去了一趟大通学堂。已经有多年不去那里了，徘徊于长廊，所见依旧是那熟悉的建筑和熟悉的腊梅树。黑与白的交织，学堂建筑在仲夏的阳光里是如此冷峻与从容；两三个观众，喃喃细语，尽情地感受历史的气息和当年的悲壮，那份静谧与围墙外面车水马龙的热闹显现了两个截然不同的世界。这是我三十多年前参加工

禹庙拜厅

青藤书屋内景

作的第一个站点，正是它，开启了我人生的"文博"历程。

自1981年参加工作至今，屈指算来，已历经三十四个春秋。这期间，我对所从事的文博工作由陌生而产生兴趣，由兴趣而变成喜欢，再由喜欢而上升至热爱，真可以说是不离不弃。由这样的情感作为底色，也就有了三十多年来我对于本职工作的潜心投入和孜孜以求。20世纪80年代初，对于大通学堂的整修，那情景还历历在目。之后便是三十多年来对于古城绍兴文物保护、利用、管理的"点、横、撇、捺"，瞬间如电影中的蒙太奇———一一呈现在眼前。古人说"人非至性，其情必不深"。我对于文博工作，虽然谈不上至性，但可谓是"一往情深"。然而，或许是禀赋的不足，抑或是命运的嘲弄，使我除了专业时间比较长之外，自感至今竟然一事无成。如今，人生跨过了"知天命"之年，蓦然回首，颇感身心俱老，这与当年王羲之在《兰亭序》中阐发的"欣于所遇，暂得于己，快然自足，不知老之将至"的感慨有着鲜明的反差。

前些天晚上途经迪荡新城，那里的热闹和繁华已颇具现代城市的气象。然而，一切新的东西只有在尊重历史的前提下才可以说具有新的意义。今天的迪荡新城就是建立在这样的意义与背景上的，它是尊重历史的实证！处在今天称之为迪荡新城的西施山遗址，是在共和国建立之后的基本

守望纪程
THE JOURNEY OF PRESERVING CULTURAL RELICS

建设中发现的,当年陆续出土了数量不少的青铜器、原始青瓷及印纹陶,是绍兴作为越国都城为数不多的无可争议的实物遗存,20世纪60年代初就被公布为浙江省文物保护单位。进入新世纪后,绍兴因城市扩容需要,地处西施山遗址的城东地块被列入迪荡新城开发区域,列为当年市委、市政府的"一号工程"。这就引发了西施山遗址的保护与城市发展之间的矛盾。如何选择"两利共赢"的方案,是摆在当时城市最高决策者面前的一个重大课题。显然,文物部门在当年经营城市的大潮中是一个极为弱势的部门,处在体制内的边缘部位。但我们本着"责任在身、当仁不让""据理力争、守土有责"的精神,既要对自己的职业负责,又要对政府的决策负责,更要对百姓和社会的关注负责。因此,以"位卑未敢忘忧国"的勇气和担当,义无反顾地拿出自己的"专业方案"提交给政府和社会。今天回想当年与有关领导和部门解说与交涉的艰辛和悲壮的场景,仍令人唏嘘感叹。但正是因为有了这样激烈的碰撞,最后才有了西施山遗址核心区块保护的共识。将目前西施山遗址保护区块的规模跟迪荡新城相比,或许只是一个很不起眼的点,但有多少人知道,它的背后却有着鲜为人知的故事。这一块小得不能再小的遗址保护地,所体现出的是文物工作守望者的职业情怀。

此心光明　无悔人生

今天,当现代都市崛起于古城文物遗址侧畔,作为现代都市,依然留有城市文明源头的遗址保护地,这本身就是现代文明的一个有力象征。端赖这样的场景,我们可以静静地倾听古与今的对话,并从中启迪我们生命的智慧。

记得有一位哲人曾经说过:"人生一世,终归尘土,就算有一百年光阴,也不过是历史长河中的涟漪。因此,人要活得正直和真诚。"正直和真诚,掷地有声! 这正是我内心崇尚的价值观。我进而以

西施山遗址公园

守望纪程
THE JOURNEY OF PRESERVING CULTURAL RELICS

为,在生命流淌的过程中,每个人总应该给社会和世人带来一些美好的东西,这才是生命的价值! 有感于此,尽管早些年在工作之余,先后撰写出版了《绍兴古戏台》(合撰)、《守望者说》、《东厢房随笔》、《岁月回眸》等专著,但是面对近年来的赋闲,我仍然有意无意地关注和思考一些问题,有些是与专业有关,但更多的是远离了专业之后将所思、所感行诸笔端。近日整理案头,发现所写的文字又有了一定的数量,但仔细一看,却发现这些文字竟然都没有了专业的内涵,这让我暗暗有些惊讶,随即这惊讶又很快变成了某种莫名的忧伤。文字趋向的转移,对于我来说或许是个人的一种悲哀。但平心而论,不管命运如何安排,我总是坦然地面对工作和生活,始终没有停止过脚步,没有吃老本。

往事并不如烟。想起阳明先生"此心光明,亦复何言"的话,心里也就释然了。或许,人的成熟和对世事的理解,就需要有这样和那样的磨炼。在我看来,"不以物喜,不以己悲",尊重内心的召唤,顺应时代的选择,才是最要紧的事。

2016年夏至日于绍兴市区金色东江

王阳明像

王守仁(1472—1528),幼名云,字伯安,生于绍兴府余姚,世称阳明先生,幼年时随家迁山阴。弘治十二年(1499)进士,授刑部主事,转兵部,因反对宦官刘瑾,贬为贵州龙场驿丞,后任左都御史总督两广。贬龙场驿时息悟格物致知,创立"知行合一"和"知行并进"的"致良知"学说。王阳明临终遗言"此心光明,亦复何言",正是对"致良知"说的终极解释。王阳明的学说对明晚期以后思想界产生巨大影响。

2001年纪程

3月,主持筹备第十七届中国兰亭书法节。

3月,主持编写《历代名家临兰亭序》一书,由西泠印社出版社出版。

4月,主持沈园南园——"陆游史迹陈列"布展工作,建成"绍兴陆游纪念馆",对外开放。

《历代名家临兰亭序》
(一函三册)

陆游纪念馆

2001年1月,作者在绍兴市文物管理局

沈园

沈园,位于绍兴市区洋河弄。本系沈氏私家花园,故名。乾隆《绍兴府志》引旧志:"在府城禹迹寺南会稽地,宋时池台极盛。"原占地70亩,是南宋时著名园林,现为浙江省文物保护单位。

守望纪程
THE JOURNEY OF PRESERVING CULTURAL RELICS

4月,经多次协商,绍兴市文物管理局与绍兴军分区后勤部签订《古越藏书楼维修协议》;主持修复"古越藏书楼"临街建筑。

4月,主持编辑出版《"兰亭杯"全国党、政、军领导干部书法邀请赛获奖作品集》。

4月,合作编写《历代诗人咏陆游》一书,由新华出版社出版。

《"兰亭杯"全国党、政、军领导干部书法邀请赛获奖作品集》

《历代诗人咏陆游》

20世纪90年代的古越藏书楼

古越藏书楼,位于绍兴市区胜利西路。清光绪二十八年(1902),由乡绅徐树兰捐资创建。坐北朝南,是中国最早具有现代意义的公共图书馆。今仅存第一进门楼,2001年按原样修复。系浙江省文物保护单位。

4月，主持大禹陵景区禹庙建筑修缮工程。
5月，主持东湖景区听湫亭、饮渌亭修缮工程。
6月，蔡元培故居、八字桥、吕府、印山越国王陵、斯氏古民居建筑群申报升格为全国重点文物保护单位。

禹庙，位于绍兴市东南会稽山北麓，距城六里。是为纪念华夏民族立国之祖、我国古代治水英雄——大禹而建。禹庙始建于夏启之时。《吴越春秋》曰：禹子启即天子之位后，"使使以岁时春秋而祭禹于越，立宗庙于南山之上"。禹庙坐北朝南，是一组宫殿式建筑群。从东西辕门进入，纵轴线上，自南而北依次是照壁、岣嵝碑、午门、拜厅、大殿，高低错落，左右对称，恢宏壮观。

禹庙

东湖，位于绍兴城区东部。本名箬篑山，又称绕门山，是一座竹树繁盛的青石山。早在汉代，就有石工在此开山采石。隋代因筑州城所需，大规模开采，不经意中竟凿出了峭壁陡立、湖水幽泓的东湖雏形。清末，绍兴著名书法家、乡绅陶浚宣见此奇丽风景，便利用这残山剩水，耗资2400两白银购地造景。通过筑堤围湖、造桥添亭、植桃栽柳，东湖成为缩山水之精华于一处的胜景。因其处在绍兴古城之东而得名。

东湖

守望纪程
THE JOURNEY OF PRESERVING CULTURAL RELICS

是年夏,绍兴市政府实施市区"显山露水"工程,章学诚故居列入拆迁范围。市文物局获悉后,及时予以阻止。经艰难交涉,据理力争,争取市政府分管领导支持,调整建设方案,章学诚故居得以妥善保护。

10月,章学诚故居建筑全面修缮,布置"章学诚简史陈列"对外开放。

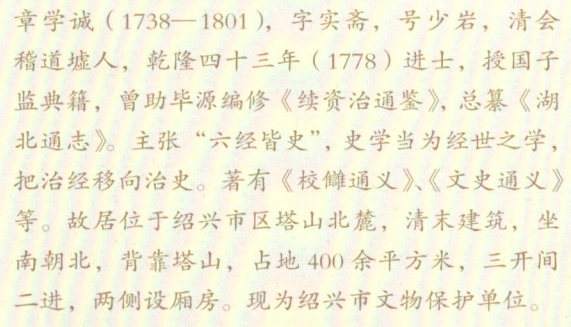

章学诚故居外景

章学诚故居内景

章学诚(1738—1801),字实斋,号少岩,清会稽道墟人,乾隆四十三年(1778)进士,授国子监典籍,曾助毕沅编修《续资治通鉴》,总纂《湖北通志》。主张"六经皆史",史学当为经世之学,把治经移向治史。著有《校雠通义》《文史通义》等。故居位于绍兴市区塔山北麓,清末建筑,坐南朝北,背靠塔山,占地400余平方米,三开间二进,两侧设厢房。现为绍兴市文物保护单位。

章学诚故居后园

10月，实施周恩来祖居环境改造工程、贺秘监祠重建工程。主持周恩来纪念馆、贺秘监祠布展工作，如期完成，对外开放。

贺秘监祠千秋楼

贺秘监祠

贺知章（659—744），字季真，唐越州人。历任礼部侍郎、秘书监等官职，故称"贺监"。唐代著名诗人、书法家。其诗以绝句见长，《咏柳》和《回乡偶书二首》为其代表作。

贺秘监祠，位于绍兴市区劳动路，为纪念唐代乡贤贺知章而建，初名"千秋观"，后圮。2001年在原址恢复重建，占地1500平方米，坐北朝南，凡三进，由门厅、崇贤堂、千秋楼等建筑组成，布置"贺知章简史陈列"对外开放。

守望纪程
THE JOURNEY OF PRESERVING CULTURAL RELICS

周恩来纪念广场

绍兴周恩来纪念广场楹联："绝世英才，治国呕心沥血；一代完人，为民鞠躬尽瘁。"2001年，高军撰句，马世晓书。

周恩来祖居诵芬堂

周恩来纪念馆

绍兴周恩来纪念馆楹联："武韬文略兴华夏，亮节高风昭日星。"2001年，高军撰句，李铎书。

2001 年纪程

学士坊

绍兴学士坊楹联："钟灵毓秀，稽山鉴水形胜地；观古览今，文韬武略名士乡。"2001年，高军撰句，鲍贤伦书。

守望纪程
THE JOURNEY OF PRESERVING CULTURAL RELICS

10月，为纪念辛亥革命九十周年，浙江省文物保护单位——大通学堂全面修复完成，布置原状陈列和"光复会史迹陈列"，对外开放。

大通学堂办公室

大通学堂内秋瑾办公室

大通学堂礼堂

2001 年纪程

大通学堂徐社

大通学堂礼堂内景

绍兴大通学堂礼堂楹联："石破天惊，光复风云越地起；披肝沥胆，辛亥英杰侠魂归。"2001年，高军撰句，沈伟书。

大通学堂教室

大通学堂操场

091

守望纪程
THE JOURNEY OF PRESERVING CULTURAL RELICS

11月，主持修缮鲁迅祖居、鲁迅故居、三味书屋部分建筑。

鲁迅祖居——周家老台门"德寿堂"

德寿堂，位于绍兴市区都昌坊口。鲁迅祖居大厅，俗称"大堂前"，五开间，明、次间作通间，明间两缝五架抬梁，前金柱设双步卷棚轩，后金柱设双步梁，九檩，硬山顶。明间正上方悬"德寿堂"匾，是周氏家族会客及举办婚丧喜庆之所。

鲁迅故居，即周家新台门，位于绍兴市区都昌坊口。清代建筑，系全国重点文物保护单位。

周家新台门，坐北朝南，砖木结构，由门厅、大厅、香火堂、正房、侧厢等组成，共六进。连同后园在内，占地4000余平方米，为周氏聚族而居之地。1881年9月25日，鲁迅在这里诞生，并在此度过了他的童年和青少年时代。

鲁迅故居小堂前

三味书屋，位于绍兴市区都昌坊口，与鲁迅祖居周家老台门隔河相望，清代建筑。

三味书屋为塾师寿镜吾先生家，寿家台门东侧的一排平房，坐东朝西，北临小河，砖木结构，约35平方米。鲁迅12至17岁在此读书。

书屋后有小园，内植腊梅、桂花、天竹等。

三味书屋

2001 年纪程

12月，主持全面修复绍兴市文物保护单位——泗龙桥。
是年，随浙江省旅游代表团赴台湾考察。

泗龙桥（局部）

泗龙桥，位于越城区东浦镇鲁东村。因其桥形像龙，桥墩凿有四只龙头，故名泗龙桥。始建年代不详。现桥为民国二十三年（1934）由民间集资重建。
泗龙桥由三孔拱桥与十七孔梁桥组合而成。拱梁结合型石桥是一种适于在河道较宽、水流较缓的地方建造的桥型，具有既确保通航，又省工省料的优点。2001年全面修缮。现为全国重点文物保护单位。

泗龙桥

守望纪程
THE JOURNEY OF PRESERVING CULTURAL RELICS

文物保护　任重道远

前不久,位于书圣故里的戒珠寺大殿遭擅自拆除,此事件经媒体曝光后,在社会上引起了强烈的反响,人们在感到震惊和痛惜之余,纷纷谴责这一损害文物的行为。事件发生后,市文物部门及时应对,可以说是工作到位、处置得当,将事件的来龙去脉在第一时间告知社会,避免了事件的进一步发酵。目前,相关调查处理工作正在依法按程序进行。

戒珠寺

这一事件的发生,促使我对绍兴文物工作面临的新常态作一些肤浅的思考。

什么是绍兴文物工作面临的新常态呢?我个人以为:

一是文物的不可再生和文物自身的脆弱性,需要人们对文物加倍呵护。然而,因人们的无知和"任性",对文物的损害与各种自然因素对文物的侵蚀时有发生,法人违法事件屡禁不止。文物安全形势严峻,历史文化遗存随时都有被毁坏的可能,戒珠寺大殿遭擅自拆除即是一例。

二是人们对文物经济价值的过度解读,忽视对文物的历史价值、社会价值等精神层面的认同。凡是具有明显经济价值的文物,人们往往趋之若鹜,或假冒,或仿制。比如大量的仿古建筑充斥社会,以假乱真;盗掘、倒卖文物猖獗;一些文物保护景区过分商业化,叫卖声此起彼落,削弱了应有的人文价值,等等。

三是文物保护、管理任务繁重与文物专业力量薄弱的矛盾日益明显。许多工作忙于应付、疲于奔命,常常顾此失彼、捉襟见肘,缺少规范化的设计和标准化管理。

浙东运河绍兴高桥段

浙东运河是春秋时期建成的我国最早的人工运河之一,是中国大运河的南端、海上丝绸之路的北起始端,也是我国至今仍在使用和保存最好的运河之一。主要航线:北起钱塘江南岸,经西兴到萧山,东南到钱清过绍兴城经东鉴湖至曹娥江,过曹娥江东经上虞丰惠旧县城到通明坝与姚江会合,全长约125千米,此段为人工运河。之后,经余姚、宁波汇合奉化江后(称为甬江),东流至镇海入海,以天然河道为主。浙东运河全长约200千米。2014年6月22日,由京杭大运河、隋唐大运河、浙东运河三段组成的中国大运河,入选《世界遗产名录》。

社会的发展、时代的进步,对文物保护、利用、管理提出了新的更高的要求。因循守旧的思维模式和工作方式已很难适应社会的需要和人们的期待。

针对文物工作面临的新常态,我们应该不畏艰难、顺势而为,以新思维适应新常态,以新举措谋求新发展。我认为,当前首要的任务:

一是清醒认识文物安全形势的严峻性。切实加强《中华人民共和国文物保护法》的学习和宣传,强化依法保护和管理。《中华人民共和国文物保护法》是我国一部较早颁布的专业类法律,1982年颁布施行,可以说伴随着改革开放的全过程,三十多年来,历经多次修订,已渐趋完善。我们要通过各种形式的学习和宣传,使全社会懂得文物是受法律保护的,任何形式的破坏和损害都是要受到法律的惩处和社会谴责的,以此来唤醒人们的文物保护意识,进而提升社会公众对文化遗产的敬畏感,使文物工作守住安全"底线"、不碰保护"红线"的意识植根于人们的思想和行为规范之中,从而使法律规定成为人们行动的准则。

二是坚定文化遗产保护是全人类共同事业的理念。正确处理保护和利用的关系,让文物服务城市,服务于社会发展;让百姓走近文物,让文物保护惠及百姓;以开放的心态,达到资源共享,充分让文物活起来。只有让文物在经济社会发展进程中发挥看得见、摸得着的作用,对于文化遗产的保护才会变成人们的自觉行动。在这个方面,绍兴起步较早,而且做得比较成熟。可以说,绍兴成为中国首批优秀旅游城市,在很大程度上得益于丰厚的历史文化遗产

文物保护　任重道远

戒珠寺大殿

戒珠寺，位于蕺山南麓。原为晋王羲之别业，后舍宅为寺。唐大中六年（852）改称"戒珠"，取戒律洁白又如珠体之意。戒珠寺屡毁屡建，现存山门、大殿和东厢等建筑，为1924年重建。1983年重修山门、大殿和寺外的墨池，并正式对外开放。系绍兴市文物保护单位。

和卓有成效的保护。

三是"有所为""有所不为"。以《文物保护法》为准绳,牢固树立"法有规定必须为"和"法无授权不可为"的理念,加强文物专业知识和法规政策的学习和培训,提高文物保护和法规政策运用的专业化水平。随着人们文化水平的提高和互联网时代的到来,迫切需要对文物的保护、利用、管理进行制度设计和标准化的规范。关键是要摸清家底、夯实基础,明确告知社会公众,哪些属于文物,并界定保护范围,作出标志说明,尽可能改变被动保护的局面。目前,社会上具备文物保护专业知识的人员已不在少数,有的还具有较高水平。这样的状态,对专业文物工作者提出了新的更高的要求。能否实施有效的保护和管理,在很大程度上取决于文物工作者的专业水平和依法依规的政策理论水平。

在我看来,是否清醒、坚定、有为,是当前和今后一个时期文物工作面临的新挑战。

众所周知,一个民族的文化遗产,承载着这个民族的认同感和自豪感;一个国家的文化遗产,代表着这个国家悠久历史文化的"根"和"魂"。保护和传承文化遗产,就是守护民族和国家过去的辉煌、今天的资源、未来的希望。习近平总书记于2014年2月25日在首都北京考察工作时明确指出:"历史文化是城市的灵魂,要像爱惜自己的生命一样保护好城市历史文化遗产。"这一论述,把文化遗产保护提升到一个新的高度。我以为,文化遗产保护工作,是一项专业性、社会性、政策性非常强的事业,

文物保护　任重道远

北宋中期,两浙路向朝廷所贡的粮食、布帛和赋税,已跃居全国第一位,"两浙之富,国用所持,岁漕都下米百五十万石,其他财赋供馈不可悉数"。至南宋,浙东运河的航运地位更加突出。王十朋《会稽风俗赋》描述浙东运河的繁华景象:"堰限江河,津通漕输。航瓯舶闽,浮鄞达吴。浪桨风帆,千艘万舻。"

20世纪20年代的浙东运河绍兴柯桥段

守望纪程
THE JOURNEY OF PRESERVING CULTURAL RELICS

古纤道：位于浙东运河绍兴县、越城区境内，现存建筑为明清时期建造，系全国重点文物保护单位。

古纤道又称运道塘、官塘、新堤等，绵延百余里，保存较为完整的是东起绍兴县柯桥镇上谢桥，西止湖塘镇板桥一段，全长7.5千米，有双面临水和单面依岸两种类型。纤道上还间以拱桥、梁桥多座，高低错落、韵味无穷。

古纤道作为我国水利交通史上的孤例，规模宏大，造型优美，"白玉长堤路，乌篷小画船"，最具江南水乡特色。

古纤道

文物保护　任重道远

2021年11月，作者应邀在绍兴"海棠文苑"为绍兴市文化旅游集团下属名城景区员工开设"鉴湖越台名士乡——绍兴名人文化"专题讲座

其本质的意义是保护、利用、传承人类优秀的精神文化。坚持社会效益第一，为人们提供正确的精神指引和强大的精神动力，始终是它一以贯之的终极目的。一般来说，文化遗产保护工作做的大都是古人的事和物，是向后看的。然而，文化遗产保护工作者在保护、利用祖先留下的珍贵文化遗产的进程中，在赋予它当代意义的同时，还有一项更重要的责任是将它完好无损地传承给子孙后代，保护、利用、传承是相辅相成的辩证统一。因此，文化遗产保护工作的向后看，其实质是为了更好地向前走。从这个意义上来说，从事文化遗产保护的专业工作者肩负的使命是崇高而神圣的，可谓任重而道远。

2015年5月18日（国际博物馆日）于绍兴市文物局

守望纪程
THE JOURNEY OF PRESERVING CULTURAL RELICS

2002—2005 年纪程

2002

3月，撰写《守望者说》一书，由上海社会科学院出版社出版。

4月，主持筹备第十八届中国兰亭书法节。

4月，主持编写《越中名人遗墨》一书，由中国美术学院出版社出版。

5月，主持编印出版《"兰亭杯"全国大学生书法大奖赛获奖作品集》。

《守望者说》

《越中名人遗墨》（一函四册）

《"兰亭杯"全国大学生书法大奖赛获奖作品集》

2002年11月，作者在云南大理古城

2002年11月，作者在云南丽江玉龙雪山

2002—2005 年纪程

5月，绍兴市人民政府成立鲁迅故里保护工作领导小组，王永昌市长任组长；下设办公室，宣传中任主任，陆兴康、高军、陈伟平任副主任。全程参与鲁迅故里保护工程。

10月，鲁迅故里保护工程举行奠基仪式。

《关于鲁迅故里保护工作专题会议纪要》（部分）

绍兴书法研究所

绍兴书法研究所楹联："笔精文妙，承永和遗风；庭雅书绝，结艺海墨缘。"2002年，高军撰句，沈伟书。

2002年10月28日，鲁迅故里保护工程奠基仪式

103

守望纪程
THE JOURNEY OF PRESERVING CULTURAL RELICS

12月,绍兴市文物管理局会同市公安部门,从袍江废土工地及时追回市区塔山基建工地出土的春秋时期的"青铜甬钟",入藏文物库房。

青铜甬钟

青铜甬钟,春秋时期,通高39.6厘米,甬长14.8厘米,舞纵15.8厘米,舞横12.3厘米,铣间19.6厘米。甬作上小下大的柱状形,上模印云雷纹饰,间以蟠螭纹。甬部有旋、干,旋似环形,上饰勾连蟠螭纹;干饰兽首和勾连回纹。椭圆形舞部,上饰有方形结构勾连回纹。钲部有一鸟虫书铭文"忘"字。篆部为素面,外饰一周方形圆点纹。乳钉式枚共有36颗。该甬钟系采用陶范分范浇铸合成,纹饰则采用陶范模印法制作,铭文的铸造作单字模嵌入主体陶范上铸造而成。其铭文字体具典型的越国鸟虫书体风格。这种有铭文的青铜器在绍兴是第二次出土。无论从其高超的青铜冶铸水平来看,还是从纷繁多彩的装饰手法和精细富丽的纹饰等方面来看,都足以证明,春秋时期徐国和越国的青铜冶铸技术和书法艺术都已有了极高的发展水平,具有很高的历史、艺术和科学价值。2002年12月,绍兴市区塔山基建工地出土。国家一级文物。

2003

1月,《绍兴文物精华》上、下卷,荣获绍兴市1999—2000年哲学社会科学优秀成果一等奖。

1—9月,实施鲁迅故里保护一期工程。协助宣传中同志,主管文物保护、工程建设、陈列布展等工作。

2003年7月,鲁迅故居西侧建筑修缮现场

获奖证书

2003年8月,鲁迅故里街区建筑复原现场

2003年5月,三味书屋临河建筑修缮现场

守望纪程
THE JOURNEY OF PRESERVING CULTURAL RELICS

绍兴鲁迅故居香火堂楹联:"越中故地孕文豪,胜迹千秋启后人。"2003年,高军撰句,陈振濂书。

鲁迅故居香火堂

绍兴寿家台门思仁堂楹联:"道义嘉谟见风骨,箴言懿德泽桑梓。"2003年,高军撰句,赵雁君书。

寿家台门思仁堂

鲁迅母亲卧室

2月,《绍兴古戏台》一书,荣获浙江省社会科学界联合会第三届青年社会科学研究优秀成果著作类三等奖。

3月,主持编写《鲁迅墨迹精选》一书,由西泠印社出版社出版。

8月,合作主持编写《越中名人谱》一书,由杭州出版社出版。

《鲁迅墨迹精选》(一函四册)

2003年10月,与鲁迅故里保护工作办公室同仁赴桐乡乌镇学习考察(第二排右四为作者)

《越中名人谱》

2003年11月,绍兴旅港同乡会"故乡行"成员来鲁迅故里参观考察。与绍兴旅港同乡会会长高月明先生在鲁迅故里(右为作者)

守望纪程
THE JOURNEY OF PRESERVING CULTURAL RELICS

10月,鲁迅故里保护一期工程如期建成,对外开放。

是年,随绍兴市文化旅游代表团赴日本、韩国考察。

2003—2007年,担任政协浙江省第九届委员。

2003年9月,鲁迅故里入口景墙施工现场

2003年11月,绍兴市文化旅游代表团赴日本考察。作者在东京

浙江省第九届政协委员

2003年11月,绍兴市文化旅游代表团赴韩国考察。作者在济州岛

2003年10月,鲁迅故里保护一期工程如期建成,对外开放

2004

2月,合作编写《历代诗人咏禹陵》一书,由新华出版社出版。

3月,主持编写《王羲之与兰亭》一书,由浙江电子音像出版社出版。

《历代诗人咏禹陵》

《王羲之与兰亭》

鲁迅故里"仁里"牌坊,2004年,高军书。

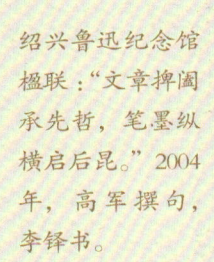

鲁迅故里"仁里"牌坊

绍兴鲁迅纪念馆楹联:"文章捭阖承先哲,笔墨纵横启后昆。"2004年,高军撰句,李铎书。

鲁迅纪念馆临街建筑

守望纪程
THE JOURNEY OF PRESERVING CULTURAL RELICS

5月,主持绍兴鲁迅纪念馆新馆建设,如期建成,对外开放。

鲁迅纪念馆新馆施工现场

鲁迅纪念馆

绍兴鲁迅纪念馆成立于1953年1月,是新中国成立后浙江省最早建立的纪念性人物博物馆。鲁迅纪念馆新馆建筑面积约5000平方米,"老房子、新空间"的设计理念,营造了一座充满灵气的具有绍兴特色的现代展馆。其中"鲁迅生平事迹陈列",通过大量实物、手稿、照片、书信、模型等展品,采用现代化展示手段,生动形象地再现了鲁迅的光辉业绩及其思想发展的历程。

8月，绍兴市文物管理局、绍兴鲁迅纪念馆联合举办"绍兴鲁迅作品研讨会"。

鲁迅祖居香火堂

2004年8月，绍兴市文物管理局、绍兴鲁迅纪念馆联合举办"绍兴鲁迅作品研讨会"。图为在鲁迅故居百草园举行的现场观摩课

寿家台门外景

守望纪程
THE JOURNEY OF PRESERVING CULTURAL RELICS

9月,"鲁迅故里旅游服务中心"正式启用。

鲁迅故里东入口船埠

鲁迅故里旅游服务中心

鲁迅故里"民族脊梁"照壁

10月，为纪念光复会成立100周年，主持全国重点文物保护单位——秋瑾故居全面修复工程，争取有关部门支持，收回故居东厢房、后花园，完整恢复原貌。东厢房布置"秋瑾史迹陈列"对外开放。

秋瑾故居大厅

秋瑾故居第三进建筑

秋瑾故居柴房

秋瑾故居东厢房

秋瑾故居后园

守望纪程
THE JOURNEY OF PRESERVING CULTURAL RELICS

11月,主持浙江省文物保护单位——青藤书屋整体修缮和陈列改版工程,重新对外开放。

12月,被浙江省文物博物专业人员高级专业技术资格评审委员会评为文博研究馆员。

青藤书屋外景

2004年10月,与绍兴市文旅集团同仁赴四川广安邓小平故居陈列馆参观（前排左三为作者）

2004年3月,绍兴市文物局召开《绍兴文物志》编写工作会议（右二为作者）

114

2005

1月,《守望者说》一书,荣获绍兴市 2001—2002 年哲学社会科学优秀成果二等奖。

1月,主持编印《鲁迅故里》大型画册,由上海社会科学院出版社出版。

5月,受聘担任绍兴文理学院客座教授。

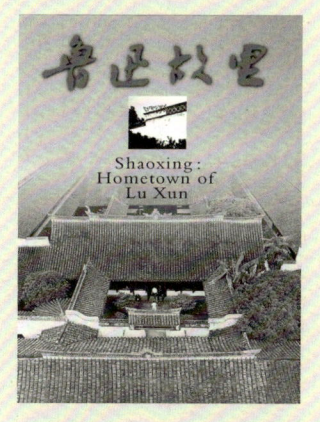

《鲁迅故里》

沈园"八咏楼"

沈园"八咏楼"匾,2005年,高军书。

2005年1月,与绍兴文理学院教授邹志方先生在绍兴禹庙(右为作者)

2005年10月,作者在湖南韶山

守望纪程
THE JOURNEY OF PRESERVING CULTURAL RELICS

5月,主持编写《历代名人咏绍兴》一书,由西泠印社出版社出版。

8月,争取绍兴市镜湖新区管委会主要领导支持,落实专项资金,主持浙江省文物保护单位——狭㟉湖避塘整体修复工程。

《历代名人咏绍兴》(一函三册)

狭㟉湖避塘,位于绍兴越城区东浦街道湖口村东,为明代水利设施,始建于明天启年间,崇祯十五年(1642)始成雏形。狭㟉湖因湖面周围达四十里,舟楫往来,遇风辄遭覆溺,乡贤民众才建造避塘,使塘内船只航行可避风涛之险,也可护卫沿湖田园。现为全国重点文物保护单位。

狭㟉湖避塘

9月，会同浙江省文物考古研究所，对迪荡新城开发建设涉及西施山遗址（原绍兴钢铁厂）进行考古调查勘探，确定保护范围。

是年，随绍兴市国资系统代表团赴澳大利亚、新西兰考察。

2005年12月，随绍兴市国资系统代表团赴澳大利亚考察。作者在布里斯班黄金海岸

西施山遗址考古勘探现场

西施山遗址，位于绍兴市区五云门外今迪荡新区。原址是一座岩丘。《越绝书》记载：此地是越王勾践为西施习步所建的宫台遗址，故俗称"西施山"。历年来，西施山及其周边地区出土大量春秋战国时期的遗物，是越国都城重要的历史见证。1963年，公布为浙江省文物保护单位。

守望纪程
THE JOURNEY OF PRESERVING CULTURAL RELICS

高山仰止　景行行止

陈先生工作照

陈桥驿（1923—2015），原名陈庆均，浙江绍兴人，著名历史地理学家，郦学研究泰斗。曾任浙江大学地球科学系终身教授，中国地理学会历史地理专业委员会主任。

　　陈先生走了，享年九十三。据说走得很平静，像睡过去一样，永远睡着了，没有任何痛苦。在获悉陈先生辞世的信息时，我一直不敢也不愿相信这是真的。在我的印象里，陈先生一向精力充沛，身板尚健。每次见面，总是听他引经据典，滔滔不绝，偶尔还会夹杂一两句英文。而且，先生每天笔耕不止，似乎总有写不完的文稿，做不完的考证和研究。待我从相关人员口中证实，这信息确实是真的时，两行泪水忍不住夺眶而出……陈先生，您怎么走得如此急促呢？您平时总是风趣地说"争取跑一百米"，怎么还没跑完就退场了呢？或许您真的是太累了，真的是像书上说的那样："春蚕到死丝方尽，蜡炬成灰泪始干。"

陈桥驿先生墨迹

    人固有一死。相对于常人来说,陈先生的生命历程可谓是福寿圆满。我以为,陈先生的一生是教书育人的一生,是学术成就卓著的一生,是令人高山仰止的一生。

    记得有一位哲人说过,人的生命如同花开花落、冬去春来一样,只是一个偶然的自然现象,对生命的存在实在用不着有过多的庆幸,对生命的离去也用不着有过多的伤怀。但我以为:生命是一个自然历程,同时更是一个精神历程。自然历程中的那些美好东西转瞬即逝,而精神历程中那些点点滴滴的美好细节,如雨露滋润在心田,不会随着时间的推移而抹去。因为它的美好不仅仅是生命本体的美好,更是带给世人和社会的美好。

守望纪程
THE JOURNEY OF PRESERVING CULTURAL RELICS

20世纪90年代初,一个国际性的酒文化研讨会在杭州举行。陈先生因曾经去日本的多所大学做过客座教授,绍兴又是陈先生的家乡,所以,会议的组织者——一位日本学者请求陈先生会后陪同代表们参观绍兴,并点名要到绍兴咸亨酒店用餐。那时正值改革开放初期,绍兴乡镇企业勃兴,带来的后果是,城内城外的河流都被严重污染。咸亨酒店前面的那条小河当然也不能幸免。陈先生了解家乡的情况,为了不使家乡在外人面前现丑,暗自调整行程,改为赴余姚河姆渡参观,且故意在余姚河姆渡磨磨蹭蹭拖延时光至薄暮。客人们到绍兴咸亨酒店时已是月上柳梢了,污水沟因天色幽暗而得到了巧妙的遮掩。作为陈先生的同乡,我看在眼里,心知肚明。今晚当我独自一人追念先生时,竟然觉得先生是一个极幽默的人,不禁感叹大学者原本亦是平常人,有平常人藏拙遮羞的"绝办法",但陈先生热爱家乡的良苦用心却是所有爱乡的人都能感同身受的。

《水经注研究》

《水经注校释》

《水经注校证》

陈桥驿先生在"郦学"研究领域作出了卓越的贡献,其著作有《水经注研究》(一集、二集、三集、四集)、《郦道元评传》、《郦学札记》、《水经注论丛》等三十余种;点校注释《水经注》多种,如武英殿本《水经注》、《水经注疏》、《水经注校释》、《水经注》(简化字本)、《水经注图》、《水经注校证》;另有点校、今译古籍及外文翻译作品二十余种。可以说,正是在陈桥驿先生数十年治郦的影响、推动下,海内外学术界对《水经注》的研究愈发重视,"郦学"蔚为显学;而诸多"郦学"史上长久悬而未决的问题,也借此而得以澄清。所以称陈桥驿为当代"郦学"泰斗一点也不过分。

高山仰止　景行行止

咸亨酒店前的张马河

杨可扬版画作品《咸亨酒店》

121

守望纪程
THE JOURNEY OF PRESERVING CULTURAL RELICS

今天下午与几位同道一起匆忙赴杭送别陈先生,回来后心里久久不能平静。现在夜深人静,当我伏案写一些怀念陈先生的文字时,心头有一种莫名的愧疚和温暖,它们交集在一起,像潮水一般从心底涌起。

大概是十多年前吧,一个寒冬的晴日,我陪同原绍兴市文物管理委员会副主任方杰先生一起就越文化研究课题去陈先生寓所请教一些问题。当时陈先生住老杭大教授楼。那幢建筑已经非常老派,但透着贵气。陈先生住带小庭院的底楼。因是寒冬,庭院书带草上覆了一层厚厚的霜。陈先生出来迎接我们时,穿着一件有了年份的大棉袍,头上戴着一顶很旧的罗宋帽。寓所内书柜上、床上、凳上、地上,堆叠满了书,看似有点凌乱,但显然有一种主人自知的秩序,是农夫随时准备去干活而

老杭大教授楼

摆放的农具的那种秩序感。这时,我的心里掠过一丝惭愧,觉得这才是作为工具的书,而不是作为摆设的书。这个空间里,旧的棉袍、旧的罗宋帽、自由堆放的书,与这个空间的主人在气质上是多么浑然一体哦!我急不可耐地为一个自己正在编写的一本书里的问题,问陈先生有关文献方面的事。陈先生不假思索,从堆放在地上的一大堆书中,很利索地从底端抽出其中的一本旧书来,同样是很利索地翻到其中某一页,捧给我看。我先是瞠目结舌,接着是如获至宝,内心肃然起敬,无以言表。当时,我好像突然明白了那些关于"神童"的传闻,并油然生出一种强烈的想法:陈先生是从书里面长出来的,抑或是那些书是从陈先生身上长出来的。至少是对文献的了如指掌,对工具使用的游刃有余,成为成就陈先生大学问的原因之一吧。

2010年12月,作者(右)与陈桥驿先生在一起

守望纪程
THE JOURNEY OF PRESERVING CULTURAL RELICS

从2003年开始，绍兴市文物局组织编写《绍兴文物志》，至2005年7月，书稿基本就绪。编写组同仁商量，得有一篇镇得住的序言。我首先想到的当然是请陈先生作序。当时正值盛夏酷暑，而且那年的夏天又特别热，把这样一个要求跟一个八十多岁的老人提，我的心里忐忑不安，缺乏勇气，但最后还是硬着头皮向陈先生开了口。一周后，接到陈先生的电话，令我意想不到的是，陈先生在电话里告知我，"序言"已完成。这怎么可能？但事实却让我既感动又惊喜。

2013年，是我人生跨入"知天命"之年。我萌生了将参加工作以来曾经在报纸杂志上发表的文章中挑选五十件作品汇编成册的想法。是年7月，我怀着惴惴不安的心情，捧着这本名为《岁月回眸》的书稿去杭州拜访陈先生，再次鼓足勇气请他为书稿作序。精神矍铄的陈先生毫不犹豫地答应了我。最让我感动的是，不到一个星期，我就接到了陈先生的电话，说"序言"已写好。当我取回陈先生的序言，再看我的书稿时，令我大吃一惊，书稿里有许多陈先生所画的条条杠杠，还给我改正了文中的一个错字，并附上小纸条，指明这个字的出处。这让我对这位年已九十有余的前辈身上依然保持着那种严谨的学风肃然

《岁月回眸·序》手稿

1983年，陈桥驿先生在日本关西大学研究生院讲授浙江水利史与钱塘江变迁

绍兴陈桥驿先生史料陈列馆

起敬，对陈先生的殷殷教诲感激不已……

2011年11月，绍兴市人民政府举办了"庆贺陈桥驿先生九十华诞暨学术研讨会"。我所撰写的《学者本是平常人》一文中说道："陈先生作为当代乡贤，其学术成就在绍兴、在中国乃至在世界都是有目共睹的，仅'海进海退理论'就足以成为近百年绍兴学术史上的一座高峰。我个人以为，继鲁迅之后，绍兴在中国学术史上给家乡争足面子的人，非陈桥驿先生莫属。"不知何故，讲到陈先生时，我常常会联想到鲁迅先生和"安身立命"这个成语。人需有安身立命的东西，鲁迅先生有《呐喊》和《彷徨》，陈先生有"郦学"和"海进海退理论"。人总有一天都是要离开这个世界的，但只要那个安身立命的东西在，那个精神载体在，就永远不会离去。在我看来，陈先生的辞世，固然使当今社会失去了一位古今会通、融贯中西的"学界泰斗"，然而，陈先生留下的巨大的精神财富，无疑在人们的心目中矗立起一座"人世楷模"的耀眼丰碑。

2015年2月15日深夜
于绍兴市文物局

守望纪程
THE JOURNEY OF PRESERVING CULTURAL RELICS

2006—2010 年纪程

2006

5月，牵头筹备由国家文物局、建设部、联合国教科文组织、世界银行主办，绍兴市人民政府、浙江省文物局承办的"第二届文化遗产保护与可持续发展国际会议"。

6月，浙江省文物局专门发文，对绍兴市文物管理局筹备"第二届文化遗产保护与可持续发展国际会议"，予以通报嘉奖。

2006年2月18日，接受浙江省政协《联谊报》记者专访

第二届文化遗产保护与可持续发展国际会议

6月，主持编写《绍兴文物志》一书，由中华书局出版。

9月，主持绍兴周恩来纪念馆"风范园"陈列布展工作，如期完成，对外开放。

《绍兴文物志》

周恩来纪念馆风范园落成开放仪式

2006年8月，"赵延年鲁迅文学作品插图展"在绍兴鲁迅故居展出。与赵延年先生在绍兴（右为作者）

2007

12月，主持编写《徐生翁作品精选》一书，由西泠印社出版社出版。

《徐生翁作品精选》
（一函三册）

守望纪程
THE JOURNEY OF PRESERVING CULTURAL RELICS

2008

撰写《东厢房随笔》一书。

2009

12月,撰写的《东厢房随笔》一书由上海社会科学院出版社出版。

《东厢房随笔》

2010

6月,为纪念绍兴建城2500周年,主持编写《文明的记忆·绍兴历史图说》一书,由中华书局出版。

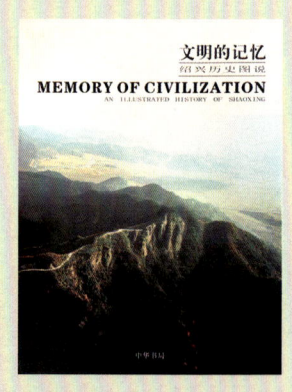

《文明的记忆·绍兴历史图说》

崇善守真　质朴方正

金经天先生近照

金经天，1934年出生，浙江绍兴人。文化工作者。曾任绍兴市文物管理委员会党支部书记、副主任（主持工作）。

深秋的一个下午，金经天先生来到我的办公室，给我送来一本他刚出版的专著——《耿言录》。他告诉我，自参加工作以来，服从组织分配，变换的工作岗位较多，书中文章都是他在"文化大革命"以后在不同岗位的所思、所想的记录。金先生是我走上社会后碰到的第一位"老师"，他在年届耄耋时，将自己人生历程中"称心如意"的文章结集出版、公之于世，这实在是一件值得庆贺的事。

读着这本文质相兼的书籍，我由衷地感佩金经天先生的敬业与执着。在我的记忆里，金先生精神矍铄、鹤发童颜，为人一向公道正派、刚正不阿，做事认真严谨、充满激情。我想，专著取名《耿言录》，符合他的性格。

守望纪程
THE JOURNEY OF PRESERVING CULTURAL RELICS

作者自谦,这是一本"大杂烩"。但在我看来,这恰恰是作者"干一行、爱一行、钻一行"的真实写照。《耿言录》所收录的文字从不同侧面记录了作者的心路历程,它的编印出版,既饱含了作者的心血,也了却了作者的心愿,更体现了作者对社会的贡献。拜读之后,我觉得这本书有以下几个特点:

一是史料性。书中有大量的第一手采访资料,比如对周恩来史实的调查采访。作者曾于20世纪七八十年代先后到北京、沈阳、武汉、重庆等地实地采访周恩来总理身边工作人员,进而对周恩来少年时期回绍史实进行了透彻的考证和分析,特别是"周恩来生于绍兴说四录",是难得的"三亲"资料,弥足珍贵。

二是学术性。在对绍兴古城的研究,绍兴水利对绍兴环境的优化和美化,越国早期历史的若干考述等方面,作者都提出了独到的见解。尤其是《关于现代博物馆若干问题的探讨》一文,曾于20世纪80年代中期由南开大学历史系收入《博物馆学参

周恩来在绍兴大禹陵

周恩来手迹

崇善守真　质朴方正

1939年3月30日，周恩来应邀到绍兴火珠巷板桥三号姑父王子余家，与王氏亲属合影

守望纪程
THE JOURNEY OF PRESERVING CULTURAL RELICS

考资料》一书中。我在复旦大学历史系文博专业就读时,此书作为教学参考教材使用。

三是丰富性。书中文章涉猎广泛,信息量大,从历史到现实,从文化到经济,从城建到旅游,等等,既有宏观的战略思考,又有微观的可操作性建议;既有对绍兴古城历史面的阐述,又有对文物史迹点的考证,可谓资料翔实,考证严谨,引经据典,与时俱进。更

投醪河

投醪河,西起府河鲍家桥,东到稽山中学东南角,与金刚庙前河相通,全长251米。传说投醪河曾是越王句践兴师伐吴时投醪之所。醪,即酒也。越王句践败于吴国后,卧薪尝胆,立志复仇,经过"十年生聚,十年教训",越国国富兵强,奠定了灭吴的基础。越王句践兴师伐吴时,为激励士气,将酒投于河中,与将士举箪共饮,将士们深感越王恩德,奋勇上阵,一举灭吴。此河也就称为投醪河。

崇善守真　质朴方正

画桥在鉴湖上，离三山不远。画桥重建于道光丁酉年（1837），为十五孔梁式石桥，全长62.7米，宽2.0米。陆游诗中常提及此桥。"三山画桥"为鉴湖美景之一。

鉴湖上的画桥

守望纪程
THE JOURNEY OF PRESERVING CULTURAL RELICS

为难得的是,作者以一个普通市民的身份提出的"强化市区经济和建设的十点建议""关于抢救府河发扬水城特色的紧急呼吁"等谏言,可以说坦诚中肯,无私无畏,读来令人钦佩。

金经天先生是我的老领导,可以毫不夸张地说,是他给了我走上文博工作岗位的机会。记得1981年夏末的一天,在家待业的我,从户口所在地居委会的"招工公告"中看到,绍兴市文物管理委员会向社会公开招考二十名工作人员的信息。我不加思索地报了名,经过笔试、政审、体检等一系列的程序,懵懵懂懂地走上了工作岗位。屈指算来,已历

府河

府河,据清乾隆《绍兴府志》载:"府河在府东一里,跨山会界,其纵者,自江桥南至植利门(今称南门),北至昌安水门;其横者,自都泗门至西廓门。中间支流甚多,皆通舟楫。"

崇善守真　质朴方正

迎恩桥，位于越城区西郭门（又名迎恩门）。始建于明天启六年（1626），现桥为清代重建。旧时西郭门为水路进绍兴城的西门户，这里市井繁华，船埠和市场聚集。相传古代皇帝驾临绍兴，文武百官在此迎候，故名迎恩桥。迎恩桥为单孔七折边石拱桥。全长19米，桥面净宽2.7米。桥南置11级台阶，长5.55米，桥北置18级台阶，长8.90米。踏垛两侧设垂带，上置栏板，间立望柱，末端置抱鼓石。

迎恩桥

若耶溪是我国历史上久负盛名的一条溪水。李白有诗曰："遥闻会稽美，且度耶溪水。"若耶溪发源于今绍兴市柯桥区平水镇龙头岗，沿会稽山北麓宛转而下近百里，进入平原河网地带，汇入鉴湖。沿岸群山峻岭称奇，寺庙道观林立，湖光山色相映，猿啸鸟鸣清幽。晋唐以来，若耶溪成为文人骚客的神往之地。诗人如谢灵运、杜甫、李白、元稹、孟浩然、刘长卿、范仲淹、王安石、苏轼、陆游等，都来此游吟，留下了许多优秀诗篇。

若耶溪

135

守望纪程
THE JOURNEY OF PRESERVING CULTURAL RELICS

三十三个春秋。遥想当年，改革开放之初，绍兴文物工作百废待兴，正是由于金经天先生的高瞻远瞩和锲而不舍的多方奔波，玉成了向社会公开招聘文物专业人员一事，才使我们有机会考入绍兴文物部门工作，也使得绍兴市（县）文物管理委员会这个地方性的高级别（由市领导兼任正职）的小机构（在编人员仅七八人）第一次得以"扩容"。之后，对于刚步入社会的青年学子们来说，他的实干精神，他的好学钻研，他的耿直的秉性，潜移默化地影响着我们，以至我们日后都养成了文物工作"责任在身，当仁不让"的使命意识，"据理力争，守土有责"的担当精神，"立足岗位，刻苦钻研"的学习风气……在金经天先生身上，我强烈地感受到了北宋理学家张载所言的"为天地立心，为生民立命，为往圣继绝学，为万世开太平"的中国传统知识分子典型的品质、操守、胸怀和担当！这些无形的财富，使我们终身受惠。感谢命运之神对我的眷顾，我为自己在刚踏上社会就碰到一位好领导、好师长而感到由衷的幸运和自豪！

掩卷沉思，我思绪万千，绍兴文物事业发展的历史场景又一幕幕展现在我的眼前。"岁月流逝添鬓霜，无悔人生写华章。"如今，我们这一代人也可算作老文物工作者了，扪心自问，在所走过的历程中，我们始终默默坚守、不遗余力地为绍兴文化遗产的保护、利用、传承贡献全部的青春和智慧。鲁迅先生曾有"人是历史的中间物"之说，我以为，金经天先

张载像

张载（1020—1077），字子厚，祖籍大梁（今河南开封），生于长安（今陕西西安）。北宋思想家、教育家，理学创始人之一。

崇善守真　质朴方正

建初买地刻石　　　　　　　东汉建初买地刻石拓片

东汉建初买地刻石，位于绍兴市越城区富盛镇乌石村跳山东坡，是浙江省迄今发现最早的摩崖题刻，也是我国不多见的汉代摩崖地券。系浙江省文物保护单位。

八字桥，又名八士桥。位于越城区八字桥直街东端。八字桥因其形状而得名，据南宋《嘉泰会稽志》记载："八字桥，在府城东南，两桥相对而斜，状如八字，故得名。"明《万历会稽县志》、清《康熙会稽县志》、清《乾隆绍兴府志》等文献都予以记载。始建年代不详，现桥为南宋宝祐四年（1256）重建。系全国重点文物保护单位。

绍兴八字桥

137

守望纪程
THE JOURNEY OF PRESERVING CULTURAL RELICS

生他们那一代,是默默奉献、不计名利的一代;我更以为,绍兴文物工作今天所呈现的局面,正是靠着他们的那种精神而打下坚实基础的结果。这种基础里,所凝结的质地,是后人用之不竭的宝贵财富,忘却了这种精神,就谈不上承传与发展。面对今天物欲至上的社会现实,如何认识与对待文物事业,是一个极其严肃的课题。在我看来,就文物事业而言,其本质的意义是保护、利用、传承人类优秀的精神文化,坚持社会效益第一,始终是它一以贯之的终极目标。然而,毋庸讳言,这种事业与社会主流总有着这样或那样的间隙。文物工作者在这种间隙里,要耐得住寂寞,守得住清贫,稳得住定力。由金先生他们那一代的精神,我们从中能读到一点什么?认识一点什么?感悟一点什么?我想,就是这"一点",足以对我们当前乃至今后的工作带来有益的启示。

2014年立冬于绍兴市区燕甸园

2021年10月,作者(右)与金经天先生在一起

2011—2014 年纪程

2011

9月,主持编写《文物春秋·绍兴文物工作三十年文集》一书,由西泠印社出版社出版。

10月,会同浙江省文物考古研究所,对香山越国大墓进行抢救性考古发掘。

《文物春秋·绍兴文物工作三十年文集》

香山越国大墓,位于越城区东湖镇香山村香山南麓。2011年10月发现,同年10月至12月,浙江省文物考古研究所会同绍兴市文物管理局对墓葬进行抢救性清理,推断该墓葬的年代为战国早中期。

香山越国大墓

守望纪程
THE JOURNEY OF PRESERVING CULTURAL RELICS

2012

2月，主持编写《绍兴文化遗产·石桥卷》，由中华书局出版。

6月，主持编写《绍兴文化遗产·馆藏书画卷》，由中华书局出版。

12月，主持编写《绍兴文化遗产·遗址、墓葬卷》，由中华书局出版。

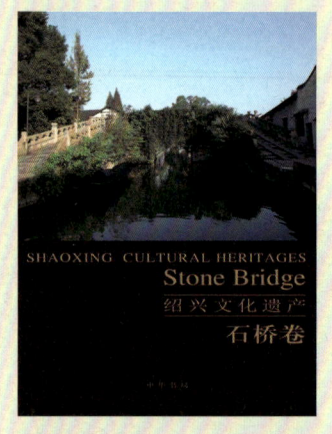

《绍兴文化遗产·石桥卷》

《绍兴文化遗产·馆藏书画卷》

《绍兴文化遗产·遗址、墓葬卷》

2013

6月,主持编写《绍兴文化遗产·陶瓷卷》,由中华书局出版。

9月,撰写《岁月回眸》一书,由上海社会科学院出版社出版。

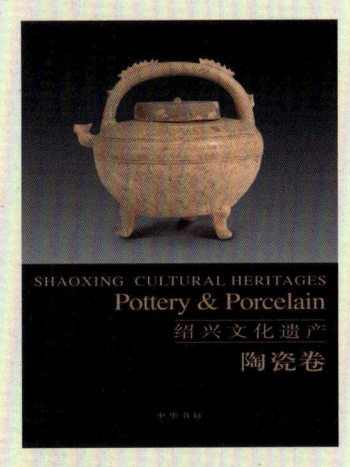

《绍兴文化遗产·陶瓷卷》　　《岁月回眸》

守望纪程
THE JOURNEY OF PRESERVING CULTURAL RELICS

2014

7月,会同浙江省文物考古研究所,组织专业人员对兰亭天章寺遗址进行考古发掘。

8月,依法处置绍兴市文物保护单位——热诚学堂遭擅自拆除事件。

东浦热诚学堂

热诚学堂主体建筑恢复原貌

热诚学堂,位于浙江省绍兴市镜湖新区东浦街道,学堂今称东浦镇热诚小学,为绍兴县级文物保护单位。据《绍兴市志》载,学堂于清光绪三十年(1904)由徐锡麟创办,以徐氏撰联"有热心人可与共学,具诚意者得入斯堂"取名。学堂提倡军训,实行男女同校。光绪三十三年(1907),徐锡麟安庆起义失败,学堂一度受损。民国四年(1915),教学楼毁于大火,后以徐锡麟抚恤金重建。

兰亭天章寺遗址发掘现场

兰亭风雅　一日千载

兰亭御碑亭（1913）

　　前不久，绍兴市政府发文成立"中国兰亭旅游度假区开发建设领导小组"，启动实施"兰亭保护和整治二期工程"。这标志着"大兰亭"建设进入实质性启动阶段。

　　平心而论，对于兰亭我还是很有感情的。记得20世纪80年代初，我刚参加工作时，市文物管理委员会的主政者，在组织新员工上岗培训阶段即率领我们到兰亭参观。那时的兰亭，刚刚经历"文化大革命"的"浩劫"不久，可谓满目疮痍，百废待兴。但是，兰亭崇山峻岭、茂林修竹的自然环境，以及"父子碑""君民碑""祖孙碑""右军祠"等丰富的人文内涵，给我留下了深刻的印象。之后，几十年来因工作，常去兰亭。维修保护的"启承转合"，

守望纪程
THE JOURNEY OF PRESERVING CULTURAL RELICS

陈列布展的"知白守黑",内部管理的"点横撇捺",兰亭雅集的"灵动飞扬",乃至抗洪抢险的"腾挪跌宕"……一桩桩、一件件仿佛历历在目。

兰亭的佳山丽水、兰亭的历史文化、兰亭人的纯朴厚道,都让我深心感动。尤其是世纪之初,我受命筹备第十六、十七、十八届中国兰亭书法节活动和组织编写《兰亭》《历代名家临兰亭序》《王羲之与兰亭》等书籍的日日夜夜里,兰亭的"山、水、廊、桥、亭",兰亭的"唐、宋、元、明、清",乃至兰亭的一草一木、一砖一石,总是让我魂牵梦萦……

兰亭,座落在绍兴城西南13公里的兰渚山麓。相传,春秋时越王句践在此植兰,使其成为历史上的产兰之地。汉代设有驿亭,因而得名。"此地有崇山峻岭,茂林

兰亭风雅　一日千载

兰亭鹅池

公元353年，即东晋永和九年的三月初三，时任右军将军、会稽内史的王羲之与友人谢安、孙绰等名流及亲朋共42人聚会于兰亭，行修禊之礼，曲水流觞，饮酒赋诗，共26人作诗37首并成册，王羲之为之作《兰亭序》。《兰亭序》被后世奉为书法圣品，兰亭随之成为书法圣地。

守望纪程
THE JOURNEY OF PRESERVING CULTURAL RELICS

文徵明《兰亭修禊图》（局部）

修竹,又有清流激湍,映带左右",自然景观幽雅怡人。而东晋永和九年(353),时任会稽内史兼右军将军的王羲之邀集谢安、孙绰等名士在此"修禊",临流泛觞,饮酒赋诗,并即兴书写了著名的《兰亭序》,从而确立了兰亭作为书法圣地的地位。一千六百六十年来,兰亭古迹虽数易其址,但屡废屡建,盛名不衰。

据史籍记载,明嘉靖戊申年(1548),绍兴知府沈启移兰亭曲水于天章寺前(即现址),亭、池、祠、院一应如旧。后经清康熙十二年

兰亭风雅 一日千载

1985年1月，绍兴市人大常委会作出了关于"以农历三月初三为绍兴市书法节"的决议。书法节主要活动包括：晋圣、修禊、曲水流觞、书法展览、书法赛事、书法论坛、研讨理论等。1993年，制定了节徽和节歌。从1985年起到2022年，绍兴市已连续举办了38届兰亭书法节。兰亭书法节已然成为中国书法活动的高端标识、书法文化的经典品牌。

绍兴市人大常委会决议（部分）

1987年，中日兰亭书会·曲水流觞

147

守望纪程
THE JOURNEY OF PRESERVING CULTURAL RELICS

(1673)、三十四年(1695)奉敕修葺,始成今日之规模。进入新世纪,文物、旅游部门实施兰亭保护和整治一期工程,新建了"之镇"和生态停车场,兰亭作为旅游景区的设施得以配套和完善。

兰亭是镶嵌在古城绍兴的一颗耀眼的明珠。兰亭的魅力,不仅来自山水风光的秀丽,更来自历史文化的厚重。先是"鹅池"碑,相传"鹅"字系王羲之一挥而就,"池"字由王献之从容续成,父子合璧,所谓"鹅瘦池肥",千古称奇。接着是"兰亭"碑,系清康熙御题,"文化大革命"中被砸成三

兰亭王右军祠

2001年，中国兰亭书法节·广场千人书法活动

2011年，中国兰亭书法节·曲水流觞

守望纪程
THE JOURNEY OF PRESERVING CULTURAL RELICS

截,修复时找不到中间一小段,形成"兰字缺尾,亭字缺头"之状,劫后重生,倍觉珍贵。随后是"御碑",碑高6.8米,宽2.6米,重达3.6万斤。碑阳为康熙手书《兰亭序》,碑阴镌乾隆于1751年亲临兰亭时所书《兰亭即事诗》手迹,祖孙二帝手迹同碑,世所罕见,叹为观止。最为经典的是"右军祠",周环荷花,形成画舫式院落。进门见山,两侧设长廊,壁间嵌有自唐以来历代《兰亭序》碑刻;中浚墨池,池中建有墨华亭,亭与祠以石径小桥相连。在一个长方形的空间内,山、水、廊、桥、亭巧妙组合。唐、宋、元、明、清刻石一应俱全,可谓琳琅满目、美不胜收,令人心旷神怡、流连忘返。

如今,以新建兰亭书法博物馆、兰亭碑林,恢复重建天章寺为主要内容的"兰亭保护和整治二期工程"已开工建设,一个更大规模的兰亭景区即将

兰亭碑亭

守望纪程
THE JOURNEY OF PRESERVING CULTURAL RELICS

兰亭书法博物馆

呈现在世人面前，兰亭书法文化的文章，正在进一步做深做透。我以为，做足兰亭文章，应突出"幽""雅""绝"的自然景观和人文内涵。

所谓"幽"，兰亭素以"景幽"闻名于世。崇山峻岭、茂林修竹，是兰亭的特色所在。规划建设应充分尊重兰亭的自然环境和文化氛围，切忌整齐划一、一目了然的大尺度建筑形态，而应自然延续兰亭曲径通幽的景点布局，保持山林野趣、田园风光的自然生态，着力营造移步换景的巧妙构想，达到与现有兰亭景区水乳交融、浑然一体的大景区格局。

所谓"雅"，兰亭以"事雅"闻名遐迩。当年，王羲之与江左名士"修禊"兰亭，群贤毕至，少长咸集，其"一觞一咏足以畅叙幽情"的心境和即兴写就的《兰亭序》，已

兰亭风雅 一日千载

成千古绝唱。从这个意义上说,建设兰亭书法博物馆很有必要。在我看来,当务之急是在更大范围内广泛征集历代书法作品,进而通过必要的陈列展览和场景布置,使之成为收藏和展示历代书法精品的重要场所,并进一步使之成为再现"兰亭雅集"盛况,帮助人们了解书法历史,诠释书法文化,解读书法艺术的文化殿堂,从而与兰亭古迹区遥相呼应,相得益彰。

所谓"绝",兰亭以"书绝"名满天下。王羲之的《兰亭序》全文324字,文章清新优美,书法遒劲飘逸,被后人誉为"天下第一行书"。王羲之也因此被尊为"书圣"。《兰亭序》以其独特的艺术魅力成为中国书法史上影响最大、流传最广的法

"兰亭雅集"拓片(局部)

153

守望纪程
THE JOURNEY OF PRESERVING CULTURAL RELICS

书,《兰亭序》摹本为历代帝王、文人所喜爱和珍藏。千百年来,《兰亭序》版本诸多,历朝历代书法名家均有临摹之作,"兰亭学"可谓精彩纷呈,蔚为大观。

行文至此,我忽发奇想,在兰亭保护整治二期工程中,可否将历代名家临写的《兰亭序》用不同形式加以集中展示,或能从一个侧面体现书法艺术的源远流长和博大精深。这样,既丰富书法圣地兰亭的内容,又挖掘、弘扬传统的书法文化,进一步凸显兰亭的魅力。

2013年大雪日于绍兴市文物局

兰亭风雅　一日千载

兰亭王右军祠（1920）

东晋永和九年，王羲之等42位名人雅士修禊兰亭，吟诗挥毫，成千古绝唱。此次兰亭之会，是一个节会、一个酒会、一个诗会，更是一个书会。雅集所产生的《兰亭序》被后人誉为"天下第一行书"。自此，越中文士名流多于是日仿效于兰亭，历千年而不衰。

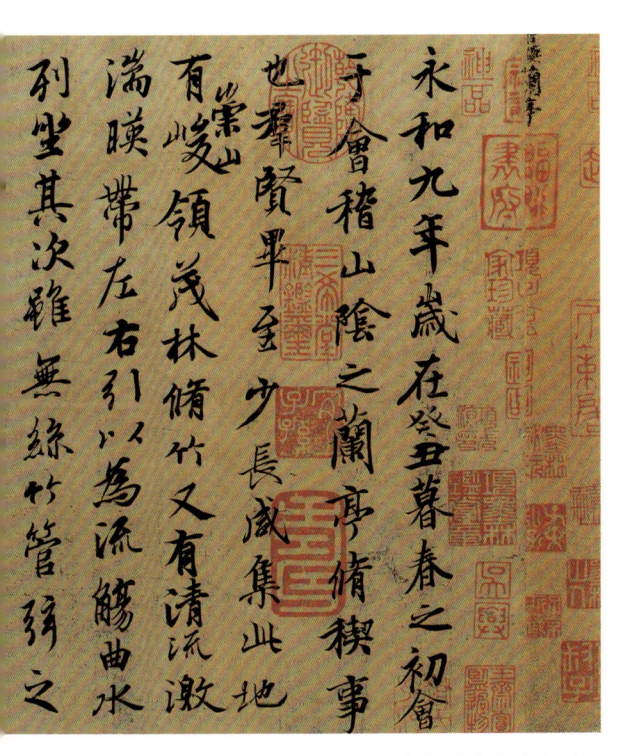

《兰亭序》（神龙本）

兰亭文昌阁（1920）

守望纪程
THE JOURNEY OF PRESERVING CULTURAL RELICS

2015—2017 年纪程

2015

4月，依法处置绍兴市文物保护单位——王羲之故宅大殿擅自改建事件。执法案卷获国家文物局"2015年度文物执法十大优秀案卷"。

9月，撰写出版《余暇杂说》。

《余暇杂说》

王羲之故宅大殿恢复原貌施工现场

2015年8月，作者与夫人蒋明明在绍兴王化考察

2016

5月，依法处置全国重点文物保护单位——泗龙桥建设控制地带内违建事件。

2016年10月，与文物局同仁赴萧山跨湖桥遗址博物馆学习考察（左二为作者）

泗龙桥建设控制地带内违法建筑拆除整改现场

2017

协助局主要领导做好文物行政执法和地下文物保护工作。

"文物工作三十年"荣誉证书

2017年12月，参加绍兴市县处级领导干部学习贯彻党的十九大精神集中轮训

守望纪程
THE JOURNEY OF PRESERVING CULTURAL RELICS

君子风范　山高水长

鲍贤伦先生近照

鲍贤伦，1955年出生于上海，祖籍浙江鄞县。曾任绍兴市文化局局长，浙江省文化厅副厅长、文物局局长。1974年起先后从徐伯清、姜澄清先生学习书法。现为中国书协隶书委员会副主任，浙江省书协名誉主席，浙江省文史研究馆馆员，浙江大学艺术与考古学院教授，中国国家画院研究员，中国艺术研究院书法院研究员，中国兰亭书法艺术学院名誉院长。

今年的夏天酷热难耐，持续40℃以上的高温，真让人喘不过气来。酷暑里的一天，建明兄来到我的办公室，给我送来一本装帧简约、厚重大气的《鲍贤伦书法档案》。愉悦的阅读让我暂时忘却了天气的酷热，连续几天沉浸在鲍贤伦先生的书法世界里。坦率地说，对于书法我是门外汉。然而，因为与鲍贤伦先生相识较早，所以对他二十多年来的书法演变有一种渐进式的认识。展读此书，对于鲍贤伦先生引人入胜的书法艺术，颇感亲切，犹如春风扑面，沁人心脾。

《鲍贤伦书法档案》分"展览出版""艺术独白""媒体聚焦""网络传播""众家评说""序跋题迹""市场关注""艺术年表"八个章节，资料翔实，

君子风范　山高水长

2014年6月，中国美术馆举办"我襟怀古——鲍贤伦书法展"	2020年6月，上海中华艺术宫举办"大块文章——鲍贤伦书法展"
2021年12月，富阳黄公望美术馆举办"水送山迎——鲍贤伦书法展"	2020年12月，鲍贤伦先生在浙江大学作学术讲座。浙江大学艺术与考古学院院长白谦慎先生主持讲座

守望纪程
THE JOURNEY OF PRESERVING CULTURAL RELICS

信息量大,以图文并茂的形式,全方位、立体式、综合性地展现了鲍贤伦先生在不同时期的书学理论、精品力作,给读者提供了一把打开鲍氏书法门径的钥匙,实在令人欣喜!感谢编者柳青凯先生为当代书坛做了一件好事。

与鲍贤伦先生相识,源于上个世纪。那是1989年8月,我从上海复旦大学历史系文博专业毕业后不久,由绍兴市文物管理处借调到市文化局文物科工作。1991年春节刚过,鲍贤伦先生调来市文化局任党委书记、局长。由于绍兴是全国首批历史文化名城,当时文物工作任务重、范围广、影响大。因此,在文化局诸多工作中占有举足轻重的地位,按惯例,文物工作由局长亲自分管。由此,我很幸运地直接在鲍贤伦局长手下工作。

鲍贤伦局长给我的总体印象是:视野宽阔,充满睿智;思维敏捷,谈吐儒雅;处事周全,从容不迫。每次商量工作、筹办活动或下基层调研,似乎总是在听他给我们

2019年8月,鲍贤伦先生在绍兴创作书法作品

君子风范　山高水长

上课,略显上海口音的普通话娓娓道来,环环紧扣、丝丝入理。其思考问题的前瞻性、分析事物的哲理性、工作步骤的周密性,常常令我茅塞顿开、心悦诚服。

众所周知,20世纪90年代初,正是我国由计划经济向市场经济转型的关键阶段,邓小平同志"摸着石头过河"理论在神州大地正产生积极而重大的影响。旧的模式已经打破,新的秩序尚未建立,可谓百废待兴。所有领域都是在探索中前进,文化、文物工作当然也不例外。

1999年10月,绍兴市人民政府召开"绍兴市文物工作会议"。浙江省文物局局长鲍贤伦(左三)莅会并作重要讲话

守望纪程
THE JOURNEY OF PRESERVING CULTURAL RELICS

记得1992年4月6日，由绍兴旅港同乡会倡议并率先捐款350万元、总投资700万元的绍兴博物馆建设工程在市区延安路隆重奠基。有关各方现场商定：一年后举行开馆仪式。鉴于这是当时绍兴文化史上投资额最大的基础设施工程，且由港胞捐资兴建，可谓影响深远、意义重大，故列入市委、市政府重点工程，由市领导直接挂帅，鲍贤伦局长担任筹建领导小组办公室主任，具体事务由市文物管理处组织实施。是年国庆节后上班的第一天，鲍局长把我叫到他的办公室，见到他难得有的严肃神情，我还以为工作上出了什么差错。只见他郑重其事地说："绍兴博物馆筹建工作，出于种种原因，工程进度已严重滞后。该项工程领导重视，社会关注，事关绍兴城市的形象和声誉，开馆时间没有退路，必须按计划完成。经局党委研究，你回文管处担任副主任，主要工作是集中精力负责博物馆工程建设和陈列布展，确保明年4月初如期建成开馆。"简明扼要的表述，容不得我作任何的思考和讨价还价。

绍兴博物馆碑记

1990年春，旅港实业家、绍兴市政协委员车越乔、章传信、徐仁昌、高月明等先生联名提案建造绍兴博物馆。提案为绍兴市人民政府采纳，四位先生各捐资人民币50万元；旅港实业家、浙江省政协委员倪铁城先生，旅港绍兴籍实业家陈元钜先生，旅新加坡绍兴籍侨胞徐春荣先生闻讯后热心赞同，亦各捐资人民币50万元，合计350万元。绍兴市人民政府配套建设资金350万元，绍兴博物馆总投资为700万元。

君子风范　山高水长

1993年4月6日，为参加绍兴博物馆开馆仪式的领导和嘉宾介绍绍兴博物馆陈列内容（右一为作者）

我在毫无思想准备的情况下，诚惶诚恐地接受了这一任命。随后，我奉命到博物馆工地与筹建组同志一起摸爬滚打。在筹建领导小组强有力的筹划和推动下，工程进度明显加快。当时许多疑难问题都是在鲍局长的亲力亲为和现场协调下，一一迎刃而解。现在回想起来，那真是一场超常规的攻坚战：厂房动迁、土地征用、建筑施工、水电安装、陈列方案编制论证、文物展品调集、辅助展品制作、绿化配置、安全保卫等各项工作齐头并进。一时间，博物馆工地干得热火朝天，呈现"千军万马争先恐后"的盛况。

经过所有参与人员夜以继日的连续作战，1993年4月6日，绍兴博物馆历时整整一年，终于如期建成。"稽山毓秀　鉴水流芳——绍兴

守望纪程
THE JOURNEY OF PRESERVING CULTURAL RELICS

1993年4月,绍兴市文化局局长鲍贤伦(右一)与省、市领导现场商讨绍兴博物馆发展情况

史迹陈列"也同步对外开放。博物馆独特的建筑形式和极具个性的陈列内容,赢得了上级领导、绍兴旅港同乡会及社会各界广泛而一致的好评。我省文博界老领导、时任浙江省人大常委会副主任的毛昭晰先生在开馆仪式上不无感慨地说:"绍兴博物馆从硬件到软件,我认为在浙江省地级市博物馆中堪称一流。"更为欣慰的是,开馆仪式结束后,鉴于对绍兴博物馆筹建工作的充分满意和肯定,绍兴旅港同乡会的先生们再次倡议筹办"绍兴大学",当日下午,率先捐款2000万元。

时隔不久,当我还沉浸在博物馆如期建成开放的喜悦之中时,再次来到鲍贤伦局长的办公室,这一次他充满"鲍式微笑"地告诉我说:"市人事局已批复绍兴博物馆与市文管处分离,单独建制。局党委研究,你担任绍兴博物馆馆长。"我再一次在毫无思想准备的情况下接受了任命。这一年,我三十岁。

由于我年少气盛,又不谙行政管理的内在规律,加之博物馆初创阶段,工作千头万绪,因此在日常工作中经常碰到意想不到的麻烦,颇显力不从心。我曾多次向鲍贤伦局长提出辞去博物馆馆长职务的请求,但每次鲍局长总是循循善诱、释疑解惑、倾力扶持,以至最后竟然严肃地表示:"这个话题以后不谈了。"其长者风范,感

君子风范　山高水长

人至深！在鲍局长人格魅力的影响下，我渐渐地坚定了与绍兴文博工作终身为伴的想法。这期间，虽有许多次"转型"的机会，但都被我有意无意地放弃了。对于绍兴的文物工作，我逐渐由陌生而产生兴趣，由兴趣而感到喜欢，由喜欢而走向热爱。即使在前些年身处"困境"时，我依然没有动摇自己的信念，至今仍无怨无悔地坚守在清苦的文博阵地。这与鲍局长的言传身教和人格魅力是分不开的。

1996年10月，鲍贤伦局长调任浙江省文物局局长，我也由绍兴博物馆调任绍兴市文物管理处主任。由于职业上的关系，我仍然在鲍局长的领导下工作，继续聆听他的教诲，使我得以加倍受惠。在鲍局长的引领下，工作之余，我对绍兴文物、博物馆事业的现状和发展有了一些肤浅的理性思考，陆续发表了一些专业文章。2001年下半年，我萌生了把参加工作以来所撰

绍兴博物馆展厅一角

守望纪程
THE JOURNEY OF PRESERVING CULTURAL RELICS

写的文章编印成集的想法。一个冬日的晚上,我鼓足勇气打电话给远在北京中央党校学习的鲍局长,向他汇报这一想法,并征求他的意见,他当即表示了赞同。我把从事文物工作比作"守望",鲍局长又说:"好!"同时建议我把书名定为《守望者说》。我进而提出请他撰写序言和题签的要求,他很爽快地答应了。鲍贤伦局长的支持和鼓励,坚定了我的想法,促使我大胆地实现自己的梦想。更为难得的是,时隔不久,鲍局长从专业的角度为《守望者说》撰写了长篇序言,但所述内容几乎全是工作。这与其说是为我的书作序,倒不如说是他对文物工作现状所作的深层次思考。当《守望者说》出版后,《中国文物报》在显著位置以"守望民族之魂"为题,全文发表了他的这篇序言。

2002年初,绍兴市委、市政府决策实施鲁迅故里保护工程。早在工程规划方案编制之初,我们专程向省文物局汇报保护工程规划的初步设想。我至今清晰地记得,在杭州教工路一间狭小的办公室里,当我汇报到鲁迅故里保护工程规划意向时,只见鲍局长微笑着的

《守望者说·序言》手稿(部分)

《守望纪程·序言》手稿(部分)

脸一下子绷紧了,严肃而又动情地说:"实施鲁迅故里保护工程,对绍兴古城而言,好比是在一个人的心脏部位动手术,成功了,当然可以延年益寿,但如果出现意外,后果不堪设想,一定要慎之又慎。我们从事文化遗产保护工作,时时都应心存敬畏,切不可随心所欲。守土有责啊!"谆谆教诲,语重心长,使我倍感责任重大。因此,在整个保护工程实施的过程中,我们牢固确立"保护第一"的理念,最大限度地体现保护的原真性、决策的科学性和工作的有效性。令人欣慰的是,历时三年的鲁迅故里保护工程全面完成后,国内文博界、建筑界、城市规划设计等方面的专家、学者

2002年10月28日,鲁迅故里保护工程奠基仪式

守望纪程
THE JOURNEY OF PRESERVING CULTURAL RELICS

1997年12月,与著名古建筑专家罗哲文先生在绍兴八字桥(右为作者)

纷至沓来,纷纷表示鲁迅故里破解了古城保护和利用的一道难题,称得上是文物保护和利用的经典之作。国内文物界权威专家罗哲文先生在实地考察鲁迅故里后兴奋地对我说:"鲁迅故里保护工程的实施,激活了绍兴历史文化名城,你们探索出了一条有效保护和延续历史街区的好路子,值得各地借鉴。"

之后,2006年5月31日至6月2日,由联合国教科文组织、国家文物局、建设部、世界银行联合主办,绍兴市人民政府、浙江省文物局承办的"第二届文化遗产保护与可持续发展国际会议"在绍兴举行。来自世界五大洲和国内二十多个省市从事文化遗产保护的学者、专家三百余人云集绍兴,会议最后一致通过了具有国际指导意义的文化遗产保护与可持续

君子风范　山高水长

发展的《绍兴宣言》。

对于绍兴的文物工作，鲍贤伦局长总是毫无保留地悉心指导和关怀，绍兴文博工作重大的活动、项目总是留下他儒雅的身影，闪耀着他智慧的光芒。抚今追昔，从周恩来祖居的全面修复，到鲁迅故里的整体保护；从一年一度兰亭书法节的隆重举办，到"文化遗产保护与可持续发展国际会议"的筹备召开；从第三次全国文物普查，到文物保护单位的全面增补提升；从《绍兴文物志》的编写出版，到《绍兴文化遗产》丛书的着手编纂，等

1998年2月，浙江省暨绍兴市纪念周恩来诞辰一百周年活动在绍兴举行。陪同浙江省文物局局长鲍贤伦先生（左二）参观"周恩来与故乡"陈列（右一为作者）

守望纪程
THE JOURNEY OF PRESERVING CULTURAL RELICS

2007年7月,浙江省文物局局长鲍贤伦(左一)亲临绍兴市柯桥区稽东镇,慰问"第三次全国文物普查"绍兴试点工作队成员

等,鲍贤伦局长总是有求必应,给予绍兴特别的关爱。一桩桩,一件件,仿佛历历在目。每念及此,绍兴文物工作发展的历史场景,似又一幅幅展现在我的眼前,以至夜不能寐。

前不久,鲍贤伦局长来信提到,他出于年龄原因已退居二线,不再主管浙江的文物工作。为此,我在为浙江文物工作感到惋惜的同时,很是为他个人高兴。在我看来,鲍局长终于可以摆脱繁重的行政管理工作,有时间放松心情;终于可以静下心来梳理思绪,进而著书立说;终于可以在他所钟爱的书法艺术里从容挥写,心手双畅……对于浙江文物工作来说,他的历史性贡献将永久载入史册。

鲍贤伦局长为官二十多年,长期担任浙江省文化厅副厅长、文物局局长,作为官员,他的级别应该也不算低了,然而他在我们面前总是那么儒雅、谦和。在我们旁人看来,他甚至总是与大红大紫的官场主流有点无缘,不知道这是他有意还是无意的自我选择。今天,当他以货真价实的学者与艺术家的身份向世人作完美转身时,我才深切明白了什么才叫作绚丽的人生。

读完《鲍贤伦书法档案》,我忽然想到,是否还应该有一本《鲍贤伦文博档案》。鲍贤伦局长担任绍兴市文化局局长,主管文物工作六年,在浙江省文物局局长任上十七年,为绍兴乃至浙江的文物工作殚精竭虑,使得文物大市、文物大省的文化遗产保护、利用、管理工作有声有色、声名远播。从

2003年4月,鲍贤伦先生在中国兰亭书法节开幕式上挥毫

这个意义上讲,我以为,"文博档案"的内容一定也会精彩纷呈,令人叹为观止,并与"书法档案"双峰并峙,相得益彰,从而构成鲍贤伦先生完整的人生轨迹。

让社会更多的人了解鲍贤伦先生的领导艺术、专业学说和书法艺术思想,正是对真正有价值的文化和真正有价值的人生的推崇和彰显!如此,则善莫大焉。

2013年中秋节于绍兴市文物局

2021年12月,作者(右)与鲍贤伦先生在一起

2018—2022 年纪程

2018

1—6月，主持绍兴王阳明纪念馆建设，在吕府永恩堂布置"王阳明在绍兴"陈列，如期完成，对外开放。

5月，绍兴市文物管理局并入绍兴市文化广电新闻出版局（绍兴市文化中心）。

2018年2月，为布置绍兴王阳明纪念馆陈列，随绍兴王阳明研究会赴贵州考察，在"阳明先生遗爱处"留影（右三为作者）

2018年3月，主持王阳明纪念馆陈列方案论证会（右一为作者）

王阳明纪念馆内景

绍兴王阳明纪念馆楹联："功德真言泽被后世，知行合一光照千秋。"2018年，高军撰句，沈伟书。

王阳明纪念馆

7月，主持编写《绍兴名人博物馆陈列文本》。

2018年10月，主持《绍兴名人博物馆陈列方案》评审会

2018年12月，主持绍兴名人博物馆陈列形式设计概念性方案评审会

《绍兴名人博物馆陈列资料》（初稿）

《绍兴名人博物馆陈列资料》（送审稿）

《绍兴名人博物馆陈列资料汇编》（定稿）

2018—2022 年纪程

8—12月，应绍兴市文化旅游集团之邀，主持绍兴市文物保护单位——范文澜故居陈列布展工作，如期完成，对外开放。

范文澜故居大厅

范文澜故居陈列序厅

绍兴范文澜故居楹联："嘉言懿德，清白世家留越地；笔底波澜，著成信史照尘寰。" 2018年，高军撰句，何来胜书。

2018年8月，与范文澜故居陈列布展工作团队在现场（右二为作者）

2018年10月，与妙华先生（"熔古铸今"书写者）在范文澜故居（右为作者）

2018年7月，范文澜故居修复施工现场

175

守望纪程
THE JOURNEY OF PRESERVING CULTURAL RELICS

12月,绍兴博物馆基本陈列"越地春秋",通过省级专家组验收。

2018年6月,应市文旅集团邀请,参加绍兴周恩来纪念馆陈列改版文本论证会,与周恩来侄女周秉德、周秉宜在绍兴周恩来纪念馆

2018年12月13日,绍兴博物馆基本陈列"越地春秋"省级专家组验收现场(右二为作者)

2018年1月,作者与夫人在黑龙江省大庆市"铁人王进喜纪念馆"参观学习

2018年10月,作者赴扬州参加"世界运河城市论坛",重回观音山留影

2019

1—12月,主持筹建绍兴名人馆。如期建成,对外开放。

2019年9月,在绍兴名人馆施工现场,与有关人员一起确定陈列展线事宜(中为作者)

2019年10月,与绍兴名人馆工作团队一起修改《鉴湖越台名士乡陈列内容和形式设计方案》(中为作者)

2019年4月,在绍兴名人馆现场,向市领导汇报名人馆建设方案(右二为作者)

2019年12月,绍兴名人馆开馆前夕,邀请市内文史专家,现场审定陈列内容(右一为作者)

守望纪程
THE JOURNEY OF PRESERVING CULTURAL RELICS

4月，中共绍兴市委、市政府决策新建绍兴博物馆。新馆选址解放路与群贤路口，占地35亩，建筑面积46000平方米，由镜湖新区开发建设办公室负责建设。4月22日，应邀赴绍兴市公共资源交易中心，参加绍兴博物馆新馆建筑方案评审。

5月，主编出版《文旅同行·爱上博物馆》。

《文旅同行·爱上博物馆》

绍兴博物馆新馆效果图

2019年8月，参加绍兴博物馆主题党日活动，讲授专题党课

2019年12月，接待香港越城同乡会组织的"故乡行"活动，与绍兴越城旅港同乡会会长高红在绍兴

2018—2022 年纪程

5月,策划并组织实施2019年"5·18国际博物馆日"系列活动。

2019年5月,复旦大学文物与博物馆学系教育实践基地落户绍兴博物馆

2019年"5·18国际博物馆日",绍兴越王城广场举行国有、非国有博物馆展示活动

2019年"5·18国际博物馆日"主场活动在绍兴博物馆举行

2019年5月,绍兴越王城广场博物馆展示活动现场(右一为作者)

179

守望纪程
THE JOURNEY OF PRESERVING CULTURAL RELICS

2020

1月,绍兴名人馆隆重举行开馆仪式。

2月,主持编写《鉴湖越台名士乡·绍兴名人图传》一书,由中华书局出版。

3月,任绍兴市文化广电旅游局二级调研员。

《鉴湖越台名士乡·绍兴名人图传》

绍兴名人馆

绍兴名人馆,位于绍兴市区小校场。2018年,绍兴市委、市政府决策兴建。以"鉴湖越台名士乡"为题,择定147位历史名人,按绍兴历史发展和城市建置分为6个部分。2019年12月试开放。2020年1月18日隆重举行开馆仪式。

6月,绍兴名人馆荣获2019年度浙江省博物馆陈列展览十大精品奖。

是年,参与绍兴博物馆新馆建设工作。

2019年度浙江省博物馆陈列展览十大精品奖

2020年1月,春节前夕,局党委安排,看望绍兴市文物局(原绍兴市文物管理委员会)朱云珍同志(左为作者)

2020年7月,绍兴市文化广电旅游局机关党委组织党员赴绍兴名人馆参观(左四为作者)

2020年2月,赴越城区东江社区,参加防控新冠肺炎疫情志愿服务

2018—2022年纪程

守望纪程
THE JOURNEY OF PRESERVING CULTURAL RELICS

2021

协助分管局长,做好文物、博物馆相关工作。

参与绍兴博物馆新馆建设工作。

2021年4月,绍兴市文化广电旅游局与复旦大学文物与博物馆学系主任、博士生导师陆建松教授商讨绍兴博物馆新馆陈列方案

2021年4月,陪同陆建松教授(左二)在绍兴博物馆新馆建设工地现场(右三为作者)

2022

协助分管局长,做好文物、博物馆相关工作。

2022年8月,作者在绍兴市文化广电旅游局(绍兴市文物局)

后 记

2013年,我五十岁。当时选取自参加工作以来所写的五十篇在报纸杂志上发表的专业文章,由上海社会科学院出版社编印出版了《岁月回眸》一书,以此作为我进入"知天命"之年的纪念。时间过得真快,转眼间,又将近十年过去。想到人生快进入"耳顺"之年,即将走到职业生涯的尽头,心中不免有些茫然和惆怅。一段时间来,内心都有一种强烈的冲动:能否在临近退休之际,把自己四十余年来所从事的文博工作历程作一个较为详尽的梳理,并用以图配文的形式,再出一个集子,以此对我一辈子从事的职业作一个交代,对自己的阶段性人生作一个交待。

记得1981年10月,十八岁的我,从当时所在地居委会的"招工公告"中懵懵懂懂地看到信息并懵懵懂懂地考取绍兴市文物管理委员会,就这样懵懵懂懂地走上了工作岗位。屈指算来,已四十年有余。何曾想到,当初的一个偶然机遇,却成了我职业生涯的全部。蓦然回首,我的一辈子竟然只从事了一项职业,这不免令自己也暗暗觉得惊诧。但细细回味,这样"择一事,终一生"的经历,看似是个人的选择,但实际上却是命运的安排。

我是幸运的,赶上了一个好时代。绍兴是著名的历史文化名城,历史悠久自不必说,文化底蕴之丰厚足以令其他城市羡慕,故素有"没有围墙的博物馆"之称。20世纪70年代末,伴随

守望纪程
THE JOURNEY OF PRESERVING CULTURAL RELICS

着改革开放的春风,我们国家进入了一个新时代,不仅经济社会得到快速发展,文物、博物馆事业也不例外。在工作中,我常常想,对于绍兴文化遗产的保护、利用、传承这一工作来说,一方面是有很多事等着我们去做,另一方面也需要很多有志于这一事业的人去做。一想到能够在绍兴这块古老而神奇的土地上从事文物、博物馆工作,我就感到无比幸福。四十年后,这种幸福感依然存在。尤其让我觉得欣慰的是,在一段较长的时间中,我有幸或参与或主持了绍兴的文物、博物馆工作。这期间,得益于天时、地利、人和,以大通学堂、蔡元培故居等为代表的一大批各级文物保护单位得以完整修复、妥善保护、对外开放;绍兴博物馆、绍兴周恩来纪念馆、绍兴贺秘监祠、绍兴陆游纪念馆、绍兴鲁迅纪念馆新馆、绍兴王阳明纪念馆、绍兴名人馆等如期建成,对公众开放;同时,利用名人故居整体修复之机,布置相应陈列,建成一系列的名人纪念馆等。与此同时,因为专业的缘故,在较为繁忙的工作之余,我还致力于挖掘跨越时空的遗产记忆,对地域历史文化作了相应的探索与思考,先后付梓出版了《绍兴古戏台》《守望者说》《东厢房随笔》《岁月回眸》等专著,还相继编写出版了《绍兴文物精华》(上下卷)、《绍兴游》、《历代名家临兰亭序》、《越中名人遗墨》、《历代名人咏绍兴》、《绍兴文物志》、《越中名人

后记

谱》《文明的记忆·绍兴历史图说》及绍兴文化遗产丛书之《石桥卷》《馆藏书画卷》《遗址墓葬卷》《陶瓷卷》等一大批专业书籍。现在想来,真要感谢命运,让我有这样的机会,做一些自己喜欢的事,出一些自己喜欢的书,而无愧于那些生命中转瞬即逝的日子。

我是幸运的,碰上了一个好领导。鲍贤伦先生是我敬重的领导,他长期在绍兴市文化局、浙江省文物局担任主要领导。自1991年初有缘相识,几十年来,我一直在他的领导下工作。他的领导艺术、学者本色、人格魅力时时影响和感染着我,使我在潜移默化中,不断有所进步。我至今仍清晰地记得,每当工作中碰到难题和堵点,我都会求教于他。我只要把事情的来龙去脉汇报清楚,他总是能顺着问题的路径,一一帮助释疑解惑,或给予指导或给予协调。他的态度总是那么温和与儒雅,他的思路总是那么开阔和清晰,在他的领导下开展工作,我内心充满温暖和幸福,即使一时碰到困难,也能最终解决问题,从而提高了自己的认识,也提高了自己解决问题的能力。他是我职业生涯中最值得尊敬的人,也是我职业生涯中最值得感恩的人。如果说,我在绍兴文物、博物馆领域曾经取得了那么一点成绩的话,我可以很肯定地说,这与鲍贤伦先生的教导、帮助、关爱是分不开的。正是在他的言传身教下,使我渐渐坚定了以文物、博物馆工作作为终身职业的信念,并在这个岗位上付出我全部的青春以及我对这个事业的所有的爱。

  我是幸运的,这是因为我在遇上了一个我愿为之奋斗的职业和一个令我尊敬的领导的同时,我还收获了爱情。因文物工作之缘,我结识了蒋明明同志。我们俩是同一天走上文物工作岗位的,此后,我们因同一工作的关系而熟识而相爱,然后并肩走过了四十余年的人生旅程。在家里,我们是心心相印的伴侣;在单位,我们是志同道合的同事。在专业上我们互相学习和帮助,最后双双成为专业技术上的"文博研究馆员"。但回首往事,我总觉得她付出的更多。她是一个知书达礼、低调厚道的人:无论在家里还是在单位,从不与人争高低、争多少。大概二十年前吧,绍兴市文物考古研究所成立之初,上级领导准备考察、培养她,让她担任考古所的领导之一,她婉言拒绝了。她觉得这样不利于我开展工作,也会影响自己的专业工作。她是一个诚实本分、中规中矩的人:在她开车的十多年间,从未有过一次"交通违章"的记录,即可窥见一斑。她是一个任劳任怨、默默付出的人:她无怨无悔地几乎承担了全部的家庭琐事,尽全力支持我的工作,使我可以心无旁骛地在绍兴文博领域这块园地上尽情尽兴地耕耘,以奉献我全部的赤诚和热爱。今天想来,我依然感到无比幸福和满足。

后记

　　写书、编书、出书,是我过去常做的一项工作。以前,要出一本新书时,总会伴随着一种兴奋与激动,可这一次兴奋与激动少了许多,代之以忐忑不安和焦虑。我心里明白:我要退休了,我要离开我热爱的工作岗位了,我在书中要给我的人生做一个阶段性的小结等,这些因素都使我心情复杂起来,所以做书的事也就不如以前那样镇定和从容。但这应该是暂时的,因为,我的周围有一群既贴心又热心的领导、老师和朋友在。我的老领导鲍贤伦先生欣然答应了我的请求,在酷热的日子里拨冗作序、挥毫题签;上海社会科学院出版社陈如江先生、原绍兴鲁迅纪念馆钱小良先生、绍兴文理学院沈刚老师等诸位仁兄,不仅给予了精神上的支持和鼓励,而且从书名的推敲到文字规模的确定,从目录的编排到版式的设计等,都给予了实质性的帮助和指导。他们为之付出的心力,令我感动,同时也促使我义无反顾地将这项工作勇敢地做下去。我想,我是应该这样做的,我应该给自己的职业生涯画上一个圆满的句号。

高　军

2022 年 8 月于绍兴市文化中心

图书在版编目(CIP)数据

守望纪程 / 高军著. -- 上海：上海社会科学院出版社，2022
　ISBN 978-7-5520-3937-5

Ⅰ. ①守… Ⅱ. ①高… Ⅲ. ①文物保护－文物工作－中国－文集 Ⅳ. ①K87-53

中国版本图书馆CIP数据核字（2022）第145407号

守望纪程

著　　者：	高　军
责任编辑：	陈如江
装帧设计：	钱小良　沈　刚
出版发行：	上海社会科学院出版社
	上海顺昌路622号　邮编200025
	电话总机 021-63315947　销售热线 021-53063735
	http://www.sassp.cn　E-mail: sassp@sassp.cn
印　　刷：	绍兴市越生彩印有限公司
开　　本：	889×1194毫米　1/16开
印　　张：	11.75
字　　数：	161千字
版　　次：	2022年9月第1版　2022年9月第1次印刷

ISBN 978-7-5520-3937-5/K・656　　　　定价：120.00元

版权所有　翻印必究